Lest doch wie es euch gefällt …

… CoLibri fliegt weiter

CoLibretto II

Lest doch wie es euch gefällt

Anthologie der Autorengruppe CoLibri

Hrsg. Manfred Augustin

© 2015 by CoLibri
Alle Rechte liegen bei den Autoren
Buchsatz und Layout: Corinna Cormann
Cover-Illustrationen: Gudrun Thomas-Feuker
Gedicht CoLibretto von Gudrun Thomas-Feuker
CoLibri-Logo: Rolf Kamradek
Herstellung und Verlag: Books on Demand GmbH, Norderstedt
ISBN: 9783738639247

Bibliografische Information:
Die Deutsche Nationalbibliothek verzeichnet diese Publikation in der Deutschen Nationalbiografie, detaillierte bibliografische Daten sind im Internet über dnb.d-nb.de abrufbar.

www.autorengruppe-colibri.de

Inhalt Seite

CoLibretto

hungrig lauernd
krakenähnlich
sitzen sie am Tisch
warten auf den nächsten Text
die Tentakeln ausgefahren
um ihn wieder auszuspucken
und aus Resten
neu zu formen

nimmer satt

Seit Oktober 2000 treffen sie sich, die CoLibris, im Alten Kreisbahnhof, ursprünglich Autoren aus dem nördlichen Schleswig-Holstein, mittlerweile auch aus anderen Bundesländern. Bereits arrivierte Schriftsteller und Schreibneulinge arbeiten an den Texten, reiben sich aneinander, lachen und lernen, dass Kritik fördert. Nun reicht das Leseangebot von Lyrik, Erzählung und Kurzgeschichte über Satire, Humor und Neue Romantik, über Theatertexte und Krimis bis zu geselligen Weinabenden, Literatur-Cafés und Limerick-Lesungen unter Einbezug des Publikums.

Lest doch wie es euch gefällt...

...CoLibri fliegt weiter –

*flattert schillernd von Heiterem zu Ernstem
und präsentiert hier eine Auswahl seiner Arbeit.*

Manfred Augustin

Lass uns

Eskimos sein

die Nasen aneinander
reiben /
und die Welt um
uns...

LASS UNS ESKIMOS SEIN

Lass uns Eskimos sein,
die Nasen aneinander reiben
und die Welt um uns
einfach vergessen

Lass uns Träumende sein
und uns den Weg durch lange Gassen schweben
und Wolken
in die Mauern denken

Lass uns Zeitlose sein,
für die das Gestern und das Morgen
im Heute dieses Augenblicks
verschmelzen

Lass uns Suchende sein,
die hoffen, beieinander das zu finden,
was sie auf dieser Welt
seit langem schon vermissen

Lass uns zwei Blumen sein,
die ihre Köpfe zueinander neigen
und sich im milden Frühlingswind
vereinen

Lass uns zwei Kinder sein,
die bei der Hand sich fassen,
um leichten Schrittes
in die Ewigkeit zu gehn

Lass uns Eskimos sein,
die Nasen aneinander reiben
und die Welt um uns
einfach vergessen

EIN ECKCHEN DEINES HERZENS

In ein Eckchen Deines Herzens einzuziehn,
das wünsch ich mir,
und ein Eckchen meines Herzens,
das kriegst Du von mir dafür.

Einen Weg zu Dir zu finden,
wünsch ich mir,
einen Weg, der ohne Kurven
einfach hin mich führt zu Dir.

Mit Dir Neues zu entdecken,
wünsch ich mir,
und das Alte zu vergessen,
als wär es schon ewig her.

Tagelang mit Dir zu reden,
wünsch ich mir,
mit Dir dazusitzen
und zu wissen, Du bist hier.

Nächtelang mit Dir zu träumen,
wünsch ich mir,
und die Sterne, die wir sähen,
strahlten hell wie nie vorher.

Mit Dir einfach loszulaufen,
wünsch ich mir,
über Wiesen und durch Wälder
in ein buntes Blumenmeer.

Dich ganz fest zu halten,
wünsch ich mir,
und Dich nicht mehr loszulassen,
bis die Welt zu Ende wär.

In ein Eckchen Deines Herzens einzuziehn,
das wünsch ich mir,
und ein Eckchen meines Herzens,
das kriegst Du von mir dafür.

Das Kätzchen

Mitte der 80er Jahre des 20. Jahrhunderts. Ein Bazar irgendwo in Nordafrika. Stände mit allerlei Ware unter sengender Sonne. Dazwischen ein Touristenpaar aus West-Deutschland, das sich Land und Leute abseits der Ferienanlagen ansehen wollte.

Wie sie so durch das bunte Treiben schlenderten, hörten sie auf einmal einen kläglichen Laut von der Seite. In einer Hausnische saß ein kleines, zerzaustes Kätzchen, das von aller Welt verlassen schien, und als es merkte, dass ihm endlich jemand Aufmerksamkeit schenkte, weinte die ausgezehrte Kreatur ganz besonders jämmerlich.

Die Frau kniete nieder. „Du armes kleines Ding", sagte sie zu dem Kätzchen, begann es zu streicheln und wandte sich an ihren Mann: „Welch ein Elend. Wir müssen etwas unternehmen."

„Ich glaube, an dem Stand dort drüben kann man Milch bekommen", sagte der Mann und ging hin. Nach einem Moment kam er mit einem Plastikschälchen voll Milch zurück und stellte es vor das kleine Tier.

Das ausgezehrte Kätzchen begann gierig zu trinken. Dabei schnurrte es und erzeugte damit ein Lächeln auf den Gesichtern des Touristenpaares. Beide knieten sie nun nieder und streichelten und kraulten das kleine Wesen, das immer weiter schnurrte und sich nach der Mahlzeit wohlig im Staub der Straße räkelte.

„Wie schade, dass wir es nicht mitnehmen können", sagte die Frau dann wieder ernst. „Es ist so traurig, ein so verlorenes Wesen hier zurück lassen zu müssen."

„Ja, aber mehr können wir nun einmal nicht tun", antwortete der Mann, tätschelte dem schnurrenden Kätzchen ein letztes Mal den Kopf, nickte ihm aufmunternd zu und fasste dann seine Frau am Arm. Sie wandten sich um und nahmen ihren Weg wieder auf.

Erst da sahen die beiden, dass die Szene einen fassungslosen Beobachter hatte: Ein paar Meter weiter saß eine dürre Bettlerin mit ihrem halb verhungerten Kind.

DIE THESE

Zwei Professoren unterhielten sich.

„Aber diese These ist nun ganz und gar nicht vertretbar, werter Herr Kollege!", entrüstete sich der eine.

„Wieso denn nicht?", fragte der andere.

Der erste ging aufgeregt vor dem Tisch auf und ab. „Jede genaue Analyse muss doch die Unsinnigkeit dieser Behauptung belegen."

Der zweite saß ganz ruhig da bei einer Tasse Kaffee. „Aber die Synthese der schon bekannten Komponenten zwingt doch dazu, dass man nicht nur diese These erstellen, sondern ihre Korrektheit auch als verifiziert betrachten muss."

Der erste blieb stehen. Beinahe spöttisch sagte er, sich zu dem anderen hinwendend: „Ja, aber Sie als geborener Analytiker, werter Herr Kollege, gerade Sie müssten doch sehen, dass man das ganze Problem in seiner Vielschichtigkeit so doch gar nicht erfassen und erst recht nicht so einfach abtun kann. Wo kämen wir denn hin, wenn jeder – Verzeihung – so ‚mir nichts-dir nichts' eine These erstellen und sie sofort als verifiziert betrachten würde, ohne nicht wenigstens die wichtigsten Faktoren einer Analyse unterzogen zu haben? Bis jetzt ist diese These doch nur eine reine Behauptung."

Freundlich entgegnete der zweite: „Aber diese ‚Behauptung' beruht doch auf der exakten Verifikation jedes einzelnen Detailpunkts, Herr Kollege." Er trank einen Schluck Kaffee; dann fuhr er fort: „Gerade für mich als Analytiker sind Akkuratesse und Akribie oberstes Gebot bei der Erstellung einer These."
Der erste setzte sich an den Tisch, dem anderen gegenüber, und warf dann ein: „Sie alleine können doch das Problem gar nicht bewältigen, Herr Kollege. Schon die detaillierte Analyse jedes einzelnen Aspekts erfordert eine Ewigkeit."

„Nun muss ich Sie aber rügen! Glauben sie etwa, ich hätte mir nicht genug Zeit genommen? Diese These ist das Ergebnis von zehn Jahren Arbeit!", entgegnete der Analytiker erregt.

„Herr Kollege, Zeit hat doch nichts mit der Richtigkeit einer These zu tun!... eh... These... These?... Sagen Sie mal, über welche These diskutieren wir denn eigentlich die ganze Zeit?"
„Sie werden lachen, aber das ist mir jetzt glatt entfallen", bemerkte der erste verlegen.

„Was, Ihnen auch?", fragte der andere entsetzt.

Peter Baumann

Der folgende Beitrag entstammt einer Aufsatzreihe mit dem Titel „Ungehaltene Reden ungehaltener Menschen", die Autor Peter Baumann mit Franz Kratochwil geschrieben hat.

Sitting Bull an General Custer

„HEUT' IST EIN GUTER TAG ZU STERBEN!"

Die Schlacht am Little Bighorn River im Territorium Montana war geschlagen. Es heißt, der Kampf habe an diesem 25. Juni 1876 weniger als eine Stunde gedauert. Auf die Uhr geschaut hat natürlich niemand. Wie denn auch?

Am späten Nachmittag stieg Sitting Bull den höchsten Hügel über dem Flussufer jenseits des Lagers der Sioux und Cheyenne hinauf, wo er den toten Anführer der Pony-Soldaten vermutete. Er beachtete die Männer, Frauen und Kinder kaum, die zwischen den Leichen auf dem Schlachtfeld umherliefen, die toten Krieger beweinten und auf die gefallenen Soldaten einschlugen, sie verstümmelten, ihnen die Uniformen und die Stiefel auszogen, Waffen und Munition einsammelten, Packtaschen und Sattelzeug von den Pferdekadavern lösten.

Der Häuptling beteiligte sich nicht an diesem Tun. Er strebte zur Hügelkuppe. Dort oben blickte er zurück zum gewundenen Lauf des Fettgras-Flusses, wie seine Lakota den Little Bighorn nannten. Zwischen den Cottonwoods standen die Tipis der Indianer, unüberschaubar in ihrer Zahl auch jetzt noch, da sich der durch das Kampfgetümmel aufgewirbelte Staub gelegt hatte.

Wie konnten die weißen Langmesser so vermessen sein, seine gewaltige Kriegsmacht anzugreifen? Der Soldaten-Häuptling hätte sie durch seine Crow-Späher auskundschaften lassen müssen, dachte Sitting Bull. Aber er hatte diese Pflicht versäumt, wollte wohl einfach nur hineinpreschen in die belebten Lagergassen und alle Indianer töten. Wollte gesiegt haben, bevor andere Führer der Pony-Soldaten das verabredete Ziel erreicht hätten.

18

Sitting Bull selbst hatte sich nicht am Kampf beteiligt, obwohl er Führer des Kriegerbundes der Starken Herzen war. Er hatte Alte, Frauen und Kinder in Sicherheit gebracht. Er hätte auch gar nicht kämpfen können. Von den Torturen des Sonnentanzes, bei dem er sich Tage zuvor 90 Wunden ins Fleisch geschnitten hatte, war er noch allzu geschwächt. Aber er hatte seinen Anteil am Sieg der Indianer. Es war seine Vision, die Vision des angesehensten Medizinmannes seines Volkes, die die Streitmacht der Verbündeten beflügelt hatte: „Soldaten werden über den Fluss kommen. Ihre Hüte werden ins Wasser rollen...“

Jetzt stand er vor dem toten Häuptling der Soldaten, von dem er vielleicht ahnte, dass es General Custer war, stand vor ihm als Sieger in einer Schlacht, die zu einem amerikanischen Trauma werden und ihn selbst bekannt machen sollte als Geist und Seele der Indianer, die das Desaster des 7. Kavallerie-Regiments herbeigeführt hatten. Er stieß den Offizier leicht mit dem Fuß in die Seite und sagte: „Na, fühlst Du Dich jetzt besser? Als die Boten des – ha! – Großen Weißen Vaters in unsere Dörfer kamen und mitten in der Herrschaftszeit des Winterriesen verlangten, wir sollten unsere Freiheit aufgeben und bis zum Mond der krachenden Bäume zu Euren Militärposten kommen, da habe ich geantwortet: ‚Lasst uns in Ruhe!‘ – einfache Worte, die jeder, der Ohren hat, verstehen kann.

Aber der Große Weiße Vater hat meinen Wunsch in den Wind geschlagen und Dich, seine blutige Hand, geschickt, unsere Krieger zu töten und den Rest unseres Volkes in ein Reservat am Missouri zu verschleppen. Reservat? Es ist das übelste Stück Land, das Ihr für uns finden konntet.

Jetzt, Häuptling der Ponysoldaten, bist Du tot. Und alle Deine Reiter sind tot. Ich hoffe, es waren Kugeln der Cheyenne, die Dich trafen, Gelbhaar. Du bist doch Gelbhaar? Wenn Du es bist, dann erinnern sich die Cheyenne an Dich als den Mörder ihrer Frauen und Kinder, die Du vor acht Wintern im Süden, am Washita-Fluss, überfallen hast. Häuptling Schwarzer Kessel, der Dich im Morgengrauen begrüßen wollte, fiel als Erster, obwohl Eure Fahne, das Sternenbanner, zum Zeichen des Friedens über seinem Zelt in der Winterluft wehte. Deine Soldaten haben diesen Mann des Friedens umgebracht. Und um die restlichen Bewohner seines Dorfes dem Hunger-, und Kältetod preiszugeben, haben sie die Zelte und Vorräte verbrannt und alle Pferde mit dem Messer getötet. Von den Kriegern habt Ihr nur wenige im Augenblick der Überraschung ermorden können. Sobald sie sich gefasst und organisiert hatten, lockten die Männer des Hunde-Bundes 29 von Euren Reitern in eine Falle und töteten sie.

Sie töteten nicht genug, damals! Jetzt aber jetzt liegen zehnmal so viele von Euch leblos auf diesem Hügel, und meine Männer triumphieren beim Skalp-Tanz. Doch sehe ich voraus, wie sich unser Land mit Soldaten füllen wird gleich einem Arroyo unterm Sturzregen. Soldaten werden uns jagen wie Wölfe den Gabelbock. Weiße Jäger werden unsere letzten Büffel schießen, so dass wir nichts mehr zum Jagen finden und gezwungen sein werden, von Euren Rationen zu leben wie schon so viele Wolldecken-Indianer bei den Agenturen der Häuptlinge Rote Wolke und Gefleckter Schweif.

Ich will das alles nicht! Denn das Volk, das mich zu seinem Oberhaupt gewählt hat, will das auch nicht. Wir werden uns hier behaupten, und wenn wir Eurer Übermacht eines Tages weichen müssten, würde ich meine Leute in das Land der Großmutter im Norden führen, wo hoffentlich zwischen den Blackfeet und den Cree noch eine Wildnis übrig wäre für uns. Das Leben in Kanada wäre gewiss schwierig, aber ich zöge es dem trostlosen Dasein unter der Aufsicht von Soldaten und Priestern vor. Den Tod gar würde ich einem solchen Leben vorziehen und hineinreiten in die letzte Schlacht, unseren Kriegsschrei auf den Lippen: ‚Hokahey, heut' ist ein guter Tag zu sterben!'

Manfred Brinkmann

DER DIEB

Einmal wandte sich ein Dieb vertrauensvoll an einen Schutzmann. Wo ich auftauche, kommen Dinge weg. Klären Sie den Fall. Ich habe schon einen ganz schlechten Ruf.

Der Polizist ging dem Manne nach und machte sich Notizen über alles, was der einsteckte. Er ließ sich aber nicht blicken. Am Abend schaffte er alle gestohlenen Sachen fort aus dem Diebsversteck.

Am nächsten Morgen kam der Dieb empört zu ihm. Ich hatte schon einen schlechten Ruf, schlimm genug! Aber jetzt fehlen Sachen nicht nur woanders, sondern sogar bei mir. Wieso machen Sie ihren Job nicht? Wofür bezahlen wir Sie?

Ich lerne noch, sagte der Polizist. Geben Sie mir etwas Zeit. Ich gebe grundsätzlich nichts, sagte der Dieb. Die Zeit müssen Sie sich schon nehmen.

Das tat der. Er folgte dem Dieb unauffällig auf Schritt und Tritt und ließ alles verschwinden, was der wegschaffte. Allmählich wurde der Mangel spürbar. Schließlich führte die allgemeine Armut zum Aufruhr. Der Dieb zog allen voran.

Der Polizist wurde überwältigt, das Warenlager ging in Flammen auf. Da sehen Sie, was Sie angerichtet haben, sagte der Dieb.

„Aber womit fängt man an? Mit dem Rechten." Er zeichnete eine großes L an die Tafel und sagte: „Dieser Winkel ist für sich genommen nichts anderes als eine Öffnung an einem bestimmten Ort. An einem unbestimmten müsste man sagen, wenn man nicht an die Vorsehung glauben will, denn er ergibt sich erst durch das Zusammentreffen dieser zwei Linien. Wer wollte, könnte sagen, hier treffen aufeinander in einem Punkt die Linien des Männlichen und des Weiblichen und eröffnen einen Blickwinkel auf die Welt."

Die leichte Unruhe unter seiner Zuhörerschaft ließ ihn irritiert von der Tafel absehen. „Doch halt – es ist ein Blick ins Nichts, eine Welt gibt es noch gar nicht, dazu müsste sie erst beschlossen sein. Die Grundbedingung jeder Welt ist ihr Beschränktsein, ihre Abgeschlossenheit, ihr Genüge an sich selbst." Er ergänzte den nach rechts oben offenen Winkel durch einen weiteren nach links unten offenen und erzeugte so ein Rechteck. „Die Entstehung dieser Welt kann man sich auch vorstellen als eine Art Spiegelung. Wenn man die Schenkel der weiblichen und der männlichen Linie miteinander verbindet, sie dadurch gewissermaßen zur mütterlichen und väterlichen werden lässt, denn für sich sind sie ja nichts anderes als Vektoren der Kraft und potentielle Erzeuger, so schafft man dem ursprünglich punktförmigen Bewusstsein, von dem wir ausgegangen sind, ein Gegenüber, in dem es sich spiegeln kann. Ob eine andere Welt hinter dieser virtuellen Hypotenuse besteht oder die eine nur sich in dieser erkennt, ist ungeklärt und muss es für ein punktförmiges Bewusstsein auch leider bleiben."

Nicht jeder ehemalige Philosophiestudent ist schon geeignet, den Anfängerunterricht im Schreiben zu erteilen, dachte der Rektor und blinzelte schwermütig über die Reihen der Erstklässler hinweg, die schweigend und mit großen Augen nach vorn zur Tafel schauten. Dann erhob er sich, winkte dem jungen Kollegen – der wird's nicht, der nicht – mit einer Hand müde zu und ging nach nebenan, wo die Parallelklasse wie eh und je munter Handstöcke und Ostereier malte.

Hin und wieder, wenn es meine Zeit erlaubt, gehe ich in eine Veranstaltung meiner alten Universität, die sich dankenswerterweise in besonderen Vorlesungen an die breite Öffentlichkeit wendet.

Es mag auch eine gewisse Anhänglichkeit sein, die mich treibt an die vertrauten Örtlichkeiten – man will ja nicht glauben, dass man den ordentlich eingeschriebenen Studenten bei weitem nicht mehr so ähnlich sieht, wie man sich ihnen gleich und nahe fühlt.

Wie ich erfahren hatte, sollte ein emeritierter Professor zu den Vortragenden gehören, den ich sehr geschätzt hatte. Gewiss würde er sich seinem Lebensthema widmen, der Erkenntnistheorie. Ich fand den Anschlag am Schwarzen Brett: Über die Wahrnehmung marginaler Aspekte der Verhältnismäßigkeit des Seienden. Welch raumgreifendes Thema! Immer mittwochs, jeweils 14 Uhr s.t. Ach herrje! Es war Mittwoch und schon zwei vorbei!

Da bliebe nur der Horchposten an der Tür. Der Herr Professor schätzte Störungen nicht, er hielt sich mühsam an den roten Faden seiner häuslichen Ausarbeitung und war durch zu spät Kommende leicht aus der Folge zu bringen, von seinem wohldurchdachten und wie immer glänzend formulierten Manuskript weg. Es unterlief ihm, nach einem nur flüchtigen, missbilligenden Seitenblick auf die verspätete Erscheinung, den nächsten Satz mit: *dergestalt dass* zu beginnen, welch unvorhergesehene Eröffnung nun in seinen Vortrag integriert sein wollte, was ihn unversehens in ewig seitlich verlaufende Gedankengänge verstrickte, aus denen er nicht leicht zurückfand. Ja, er endete gelegentlich bei gänzlich entgegengesetzten Auffassungen zu denen, die er schriftlich fixiert hatte, und tröstete er sich auch damit, dass von jeder großen Wahrheit bekanntermaßen ebenso das Gegenteil wahr sei, so war er doch irritiert.

Wer weiß, redet nicht, und wer redet, weiß nicht! Weiß Gott ja, aber wer weiß, wer das gesagt hatte! Hatte, der das gesagt hatte, gewusst, wovon er redete, und wenn ja, redete er, was er wusste, oder wüsste er das gar nicht zu sagen und hatte nur das

Zitat vor sich hinzusagen gewusst: Ich weiß, dass ich nichts weiß, und wenn dies zuträfe und er tatsächlich wusste, was er gesagt hatte, warum dann hatte er nicht zu schweigen gewusst?

Si tacuisses... ja, so isses, man ist aufgeschmissen ohne roten Faden als logisch denkender Mensch und deshalb verabscheute der Professor die Spätlinge, die nie zur Zeit kommen, und besonders die Lärmenden, die Türen klappend, trampelnd ihrem Platz zustreben, sich ächzend niedersetzen, sie haben immer einen knarrenden Stuhl, und geräuschvoll zwischen Stanniolpapier – zu was um Himmels willen hatte man Stanniol in der Aktenmappe oder im Rucksack – in den Taschen nach Schreibzeug und Papier suchten. Und ganz besonders hasste er die Zuspätkommenden, die zu allem Lärm auch noch in der geöffneten Tür stehen bleibend, sich stumm entschuldigten und gänzlich verschüchtert, ohne einen aufmunternden Seitenblick des Herrn Professors, der sich zu lächeln und zu einladendem Nicken des Kopfes genötigt sah, nicht einzutreten und nicht wieder zu gehen wagten.

Er würde also vor der Tür wie ein ungehöriger Schüler warten müssen, wie ein Hinausgestellter, mit leicht schräg gehaltenem Kopf, ganz Ohr, wie man so sagt, und ganz in Anspruch genommen von der Übung, die musternden Blicke der den Gang Durcheilenden an sich abprallen zu lassen, als könne er gar nicht gemeint sein.

Nein, er wollte nicht draußen stehen bleiben und warten, wie ein verspätetes Mitglied des Empfangskomitees, das seine unterlassene Begrüßung pflichtschuldigst in eine förmliche Verabschiedung übersetzte, so als ließe man den Herrn Professor noch lieber gehen, als man ihn hatte kommen sehen.

Und musste er nicht fürchten, dass sein Gesicht dem alten Lehrer noch gut vertraut war, vom innigen Einverständnis her, dass er so oft nur mit einem wissenden Lächeln hatte zur Kenntnis geben müssen, um hier nach einer Vorlesung, die er dem Anschein nach demonstrativ nicht besucht hatte, wieder auf ihn zuzugehen? Es müsste geradezu hinterlistig erscheinen, eine absichtliche Herabsetzung demonstrierend, die Aufwartung als Affront. Nein, diese Vorlesung war zu versäumen.

Für seinen Adlerblick war der Professor berühmt gewesen im philosophischen Seminar, er brauchte keine Anwesenheitslisten, um zu bemerken, wer anwesend war und vor allem wer nicht. Sie hatten viel zu tun in der letzten Zeit, sagte der alte Herr dann gern wie nebenbei, wollen wir hoffen, dass es wichtig war. Sie müssen das selber wissen, meine Damen und Herren, meine Aufgabe besteht lediglich darin, Ihnen gute Gründe zu geben fürs Kommen. Und dann schwieg er gern eine lang lastende Weile, als überlegte er sich passende Prüfungsfragen.

Er würde ihm wohl aufgefallen sein bei der Eröffnungsvorlesung, wenn er es denn rechtzeitig geschafft hätte, ja, ganz gewiss erkannte der seine Leute auch nach Jahr und Tag. Zu schade! Aber nächste Woche, pünktlich wie die Feuerwehr, da wollte er... Da sollte er vielleicht doch nicht gehen, nicht erst zur zweiten Veranstaltung!

Andererseits ginge es aber doch darum, den Herrn Professor zu unterstützen in seinem Bemühen, die allgemeine Einsicht in die Abgründe des Alltags zu fördern. Philosophie beweise sich nicht in trockener Verstandesbildung, war seine Maxime, sondern in der praktischen Bewährung, im verantwortlich gestaltenden Verständnis der Lebenswelt.
Ach, der gute Alte würde sein wie immer, die gleichen Thesen, die alten unverhohlenen Appelle in Mimik und Gestik, an die gefällige Einsicht seiner Hörerschaft gerichtet. Hatte das nicht seine Vorlesungen immer schon zu einem, nennen wir es ruhig mal so, heiteren Zusammentreffen gemacht.

Das hätte lustig sein können, diese alten Geltungsansprüche auf eine neue Hörerschaft prallen zu sehen... wenn, ja wenn!
Nun aber... es war sowieso immer dasselbe gewesen, genau genommen, und nicht hinzugehen war nicht wirklich ein Versäumnis. Sein Erscheinen wäre eher eine nette Geste gewesen dem alten Bekannten gegenüber, eine freundliche Gefälligkeit. Was hatte er Aufregendes zu erwarten? Nichts Neues unter der Sonne, es war doch schon immer alles verhältnismäßig kalter Kaffee gewesen, mit Verlaub gesagt.

VATER WAR LOKFÜHRER,
ER STARB ALS ICH VIER WAR.

Stumm stand
ich am Bahndamm,
versuchte das rasende Tier,
die stampfende Dampflok. Ging
entschlossen vor zum rotweißen Rohr,
rührte den schwingenden Kettenvorhang,
drückte im anschwellenden Brausen beide
Augen fest zu.

Stemmte mich gegen den Ansturm, aß
mit hoch gezogenen Schultern vom
speibitteren Kohlenrauch.

Ließ die überwogende Angst
in meinem Körper entgleisen, alles
Verletzliche reisen in jenes andere Land.

Blieb mit schräg gehaltenem Kopf
beim sich zügig entfernenden Grollen, wollte
nie weiter wollen, als in den aufziehenden
Stillstand.

Wenn endlich die Glocke anschlug,
trat das Kind artig zurück,
ließ die Schranke sich rasselnd aufrichten,
heftig schnappte sie ein.

Manchmal ertönte als Zeichen
ein langgezogener Pfiff.

WÖRTER AUS DER WANDERTASCHE

Bin ich beunruhigt?
Werfe den Silbenwürfel:
Unberuhigt bin ich, verworfen ist nichts!

Es scheint, ich habe noch immer
alle Zeit der Welt, es scheint
die Sonne draußen, was sonst?

Ich gehe langsam, aber ich geh,
was bleibt ist die unbegründbare
Hoffnung auf ein Glück,
woanders?

Es scheint, ich habe noch immer
eine Chance, es scheint
die Sonne da draußen, wo sonst?

Bin ich beunruhigt? Ungerührt geh ich,
werfe den Silbenwürfel,
fort.

GRÜNDE

Genügend Gründe gibt es fortzugehn,
immerfort zu gehen, genügende Gründe.
Schaut nicht der neue Ort nach etwas aus
mit meinen Augen großer Erwartung?

Nicht dort und nicht hier ist Ankommen,
und nirgendwo sonst ist ein Glück,
weithin raumgreifend und insofern erreichbar.

Gehen kann ich und fortkommen und
fortwährend auf dem Laufenden
bleiben kann ich.

Bleiben kann ich,
nicht hier und nicht dort,
nicht dies und nicht das
sein.

Die gute Gabe allerorten
ist, für die Dauer meines Verweilens,
dem Ungenügen Raum zu geben.

    Gut ist es:
    an einem Fluss zu sitzen,
auf einem Berg wie am Fenster,
an einem Feldrain wie am Meer.

HIERORTS

Kann nur gescheit am Deich
daheim zugrunde gehen,
ins Fahrwasser zugleich,
ich schreit auf gutem Schlick,
Rungholt liegt rechter Hand
und andere böhmische Dörfer,
bin ich's nicht, ist es einer,
der ist so viel wie ich, ein
Bohemien, Vagant, den
nichts hält, der nichts hat,
geh ich aus gutem Grund
gebeugt und hoch am Wind,
höchstens sechs Stunden bleibt
ein Wörterrand, die Spur, den
Leuchtturm linker Hand, trag
Muscheln zwischen Zeh'n
und zwischen Zähnen Sand,
ich geh auf gutem Grund
der Sonne nach ins Meer
auf Westerhever Sand und
trage nichts mehr nach
und trage als ein Herz
die Sonne in der Brust,
flammende, rote Sonne,
ich glänze, grenz
an Nichtsmeer.

NICHT UMS VERRECKEN

Habe keine Lust, mich von den
lebenden Leichnamen begraben
zu lassen, ich rede doch gar nicht
vom Paradies, meine Sorge ist,
das ist alles nur Ortswechsel,
Abgrund ein Stückchen weiter
hinten, Erde ist doch ganz gut,
hier findet es statt, was wollt ihr
alle im Himmel, verlorene Seelen,
euch geht's doch nicht gut!
Ihr könnt euch doch nichts
erklären, wie sag ich's meinem
Kinde? Gar nicht, red' nicht,
schweig redlich!

Hab neulich von diesen Savants
gelesen, kennen die abendländische
Geschichte mit jedem Datum,
können sich aber die Schuhe nicht
zubinden. Ich habe blödere
Wissende gekannt, die reckten
die Hälse nach jedem Strick und
wollten mir Schlipsknoten beibringen,
ich würge heut noch an dem Exempel.

Ihr habt doch keinen Schatten! In euren
Grünwüsten, unterm Blauhimmel, in
albtraumgierigen Umnachtungen,
ich will bloß in die unbewohnte
Hölle, mich mit Zähneknirschen
selbst unterhalten, ja, wer Visionen hat,
wisst ihr, der soll doch zum Arzt
gehen, dann klingelt schon mal
nach der Nachtschwester,

so hab ich gedacht, ungefähr,
nur wär mir der Text damals
ums Verrecken nicht eingefallen.

PHÖNICHS IN DIE ASCHE

erfreulgetreulverzeihlabscheul
zuversichtlunverzüglübersichtluntrügl
anscheinlgemeiniglunvergänglunerschwingl
seitldinglzeitldringlgründlentzündlstündlmündl
schicklhäßlkenntlgräßltäglunsäglbeweglanschaul
traulschwerlerbaulgefährlunglaublhäuslunordentl
scheußleinträglerheblendlvergeblunnachahml
ärmlannehmlerbärmlunverkäuflungebräuchl
einvernehmlunabsichtlgerichtlewigl
ersichtlanschaulunheimlvertraul
heimlunverzichtlzärtlherzl
schmerzlschwärzl
rICHtwICHt
schlagl
ICH
†
art
ICH
NICHT
========

Detlef Hager

New York im August. Abendliche Rushhour. Abgearbeitete, schwitzende Menschen mit müden Gesichtern. Körper schieben sich in namenloser Masse die Treppen hinunter, verschwinden gehetzt im U-Bahnschacht. Züge donnern heran, grollend, einen Schwall stickigen Windes vor sich herschiebend. Türen schließen sich zischend wieder. Verschluckte Körper werden entführt. Nur die roten Schlusslichter sind schnell verschwindende Zeugen.

Ich bin von allen Seiten eingezwängt, gestopft. Denke an Sardinen in ihrer Dose. Mich schaudert. Werde nie wieder welche essen. Ein nahezu Zahnloser grinst mich an und zeigt mir nur einen faulen Zahn in seinem Mund. Eine rauchig stinkende Spritfahne zieht an mir vorüber. Ich komme nicht dazu, mich zu ekeln. Mein Atem wird knapp. Abgestandener, verbrauchter Parfumgeruch umgibt mich, vermengt mit darüber gelegtem frischem Make-up.

Kreischendes Pfeifen der Räder in einer Kurve. Die schwankende Menschenmasse schleudert der Fliehkraft gehorchend nach außen, verdeckt mir jede Sicht, drückt mich gegen eine massige Vierzigerin, die mich federnd zurückwirft. Ergeben trage ich diese körperlichen Kontakte. Ich spüre ihre Wärme meinen Anzug durchdringen. Ein Rinnsal bahnt sich seinen Weg von speckigen Ringfalten ihres Halses über ihr unsichtbares Schlüsselbein, verschwindet in einem überdimensionalen Busen hinter dem gesäumten Ausschnitt ihres Kleides. Zurückziehen gelingt nicht.

Da erfasst mein Blick eine blässliche, weibliche Schönheit ohne Fassade. Ich recke mich. Für einen kurzen Augenblick schaut sie mich an, lächelt gezwungen. Das lichte Blau ihrer Augen fesselt mich. Mein Ich klopft an mein Herz, das sich rasend zu bewegen beginnt. Meine Seele verweilt auf diesem Gesicht, ist entzückt, oder verrückt? Vergeblich mühe ich mich zu zwängen, zu ihr zu gelangen. Ihre Wärme hätte ich lieber gespürt.

Doch die Menschenleiber halten mich fest, unerbittlich, in vermiefter Luft ausdünstungsschwangerer Körper.

Der Fahrdruck lässt nach, Bremsen quietschen, ein Schwanken der Menge, Türen öffnen sich. Ich werde ausgespuckt, lande auf alltäglichem grauem Bahnsteigasphalt, weiß gefleckt von zertretenen Kaugummis. Ich sehe mich um, kann sie im Gewühle nicht entdecken. Blechgeklapper von leeren Cola-Dosen zwischen dahineilenden Füßen.

Gerempelt, geschoben weiter zur Rolltreppe, die mich ruckelnd mit Knacken in die schwüle Abendluft entlässt.

HARMONIE

Fröhlich ging ich wie noch nie,
trällerte ein Lied für sie.
Etwas schräg, doch sie entschied:
Meine Stimme stimmte.

Wir durchliefen breite Straßen,
sangen in verträumten Gassen,
sahn Menschen uns entgegeneilen,
sie schienen unsere Freud zu teilen,
da alle herzlich lachten.

Fehlerfrei sang ich noch nie,
doch keinen störte, wie ich sang,
denn mein armes Liedchen klang,
vereint mit ihr, wie Harmonie.

IN FELD UND FLUR

Die Raupen fühlten sich im Kohl
beim Blätterkauen tierisch wohl.
Sie trieben's heftig dort fürwahr,
bis kaum vom Kohl was übrig war.

Jedoch der Bauer war ein schlauer,
rief scharenweis' herbei die Meisen,
auf dass sie von den Raupen speisen.
Die Vögel sind in Stadt und Land,
als Kohlmeis' jedermann bekannt.

Doch nicht nur auf dem Feld voll Kohl
geht's Meise und der Raupe wohl,
denn in der Furch' hockt tief geduckt
ein Kohlhas, dem's im Felle juckt.

Indes er in die Blätter beißt
denkt unser Kohlhas nicht an Kleist,
kratzt mit dem Hinterbein versessen
die Achsel sich (und das beim Essen!).

Nicht denkt er an den Hund, die Jagd,
frisst satt sich völlig unverzagt.
Der Hase weiß als Hakenschläger:
Erst schießt der Kohl, und dann der Jäger.

DER ELFMETER
ODER DAS WIRSTHAUSERLEBNIS

Der Rausch war lang, der Schlaf zu kurz,
das Knie zerschunden von dem Sturz,
Lipp' und Auge stark lädiert.
Was war mit mir im Suff passiert?

Mit Freunden traf ich mich beim Wirt
fast um die Ecke im Geviert,
und sein frisches gutes Bier,
das stärkte uns, uns alle vier.
Noch waren wir recht froh gesonnen,
unser Club, der hat gewonnen.
Doch beim Feiern kam ein Mann,
der sah das alles anders an.
Nach dem Foul an Spieler Häben
'nen Elfer überhaupt zu geben!
So schrie er rum mit lautem Ton:
Der Schiri sei ein Hundesohn.

Den Worten folgten Kneifen, Zoffen,
zwischendurch wurd' Bier gesoffen.
Fäuste fingen an zu fliegen,
den Hans sah' ich am Boden liegen.
Drum schlug dem Mann ich ins Gesicht,
dass er verlor das Gleichgewicht.
Doch seine Faust war ziemlich schnell:
Ein Blitz im Auge folgte grell,
an meiner Lippe schmeckt' ich Blut,
da packte mich erst recht die Wut.
Ich hakelte mit meinem Fuß
sein Hockerbein: „Vom Club 'nen Gruß!"
Er kam am Boden krachend auf,
fasst' sich ans Sitzteil, gleich darauf
schleudert er mit Wucht den Hocker
auf uns zu und das nicht locker.

Gerangel gab's jetzt ohne End',
wir fanden das belustigend.
Zumal die ganze Dollerei
War untermalt mit viel Geschrei.

Dann in der Wirtsstub', wie famos,
ging die Schlacht nun richtig los.
Fremde Gäste mischten mit,
jedem Schlag, dem folgt' ein Tritt.
Schmerz gab's nicht dank Alkohol,
wir fühlten uns so richtig wohl.
Hauten, schlugen mit der Faust,
bis der Wirt kam angebraust.
Groß und einem Schranke gleich,
sah er zerstört sein Wirtshausreich.
Mit Gewalt ging er dazwischen
unter Bänken, über Tischen,
um die schlagenden Rabauken
durchzuprügeln, rauszupauken.
Packte uns und auch die Gäste
an dem Kragen, an der Weste.
Schmiss uns raus weit vor die Tür
auf die Straß'. Da lagen wir.
Schmerzgeplagt und voll Blessuren
im Gesicht, an den Figuren.
Weithin sichtbar und verbeult.
Komisch: Keiner hat geheult.
Wie ich heimkam, wer mich führte?
Triebhaft Stalldrang, der sich rührte.

Merke:
Streitgespräche nach Elfmeter
enden foul, das weiß doch jeder.

DIE FISCHERIN VOM BODENSEE

Am flachen Ufer froh ich steh
Und schaue auf die Alpen.
Dazwischen liegt der Bodensee.
Die Berge steil sich falten.

In der Ferne treibt ein Boot,
was soll mir das bedeuten?
Die Fischerin im Abendrot?
Ein Glöcklein hör ich läuten.

Das Boot kommt immer näher ran,
ich wag es nicht zu hoffen,
ihr hold Gesicht, es sieht mich an,
ihr Mieder ist halboffen.

So schön und sehnsuchtsvoll ihr Blick,
mein Herz fängt an zu rasen.
Ein tiefes Muh holt mich zurück –
mein Schnarchen stört beim Grasen.

ACH DU LIEBE SCHOLLE

In der Arktis auf 'ner Scholle,
verlassen saß mit blonder Tolle
ein Mädchen. Tat mit Armen winken,
gefroren schon der halbe Schinken.
Nur die Sonne, die ganz schwach
hielt sie am Leben, hielt sie wach.

In seinem Kajak sang recht froh
auf seiner Fahrt ein Eskimo.
Machte singend eine Rolle,
landete an ihrer Scholle,
schnitt mit dem Messer einen Kreis,
löste sanft sie von dem Eis.

Rieb mit seiner Nasenspitze
die ihre, dass sie sich erhitze.
Lud rasch sie in sein Boot hinein.
So schnell er konnte, fuhr er heim
in seinen Wigwam, den Iglu,
und deckte sie mit Fellen zu.

Schlüpfte drauf bei Kerzenschein
mit unters Bärenfell hinein.
Erwärmte sie, so ist es eben,
hielt sie dadurch auch am Leben.
Tat dies emsig fast ein Jahr
und so kam Freund Adebar.

Merke:
Auch wenn vieles eingefroren,
wird so manches Kind geboren

KÜNSTLER EBEN

Ein Bild entsteht manchmal im Traum
gar bunt und herrlich anzuschaun.
Doch wird bei Licht der Traum auch blasser,
das bunte Bild zerrinnt zu Wasser.
Der Traum will farblos jetzt entrinnen,
der Maler kann sich kaum entsinnen.
Derweil die Leinwand gierig wartet,
dass der Künstler endlich startet.
Der nimmt Pinsel und Palette,
ach, wenn er nur den Traum noch hätte!
Warum sollt's anders bei ihm sein,
auch dem Poeten fällt nichts ein.

RÄTSEL

Es ist ein Vierbein ohne Fell,
ist mal dunkel, manchmal hell.
Wärme mag es ohne Ende,
ist doch kalt und ohne Hände.
Räubern ist sein Lebenszweck,
bei der Tarnung wird's zum Scheck.
Ist kein Schaf, auch keine Kuh,
nicht ein Pferd, macht niemals muh.
Der Name scheint mir teilverwandt
mit dem Tier im Wüstensand.
Häng an 'nen Räuber aus der Steppe,
lateinisch kannst du, jede Wette.
Nun, ein „L" wird noch gestreicht,
ein „N" am Ende nachgereicht.
Nun tüftelt aus, ihr kriegt es raus.

Wilhelm Hasse

NORDISCHER SOMMER

Und Berge, die sich gegenüberstehen,
als staunten sie, welch große Rolle
die Inszenierung ihnen zugedacht.

Und Fjorde, Seen liegen nachts
noch lange schlaflos unter hellem Himmel,
versunken, in sich selbst verliebt.

Und Anemonen, Fingerhut, Lupinen buhlen
um jeden Sonnenstrahl, solange
die Offerte gilt.

NACHRICHT

am straßenbaum
noch gestern
angenagelt
dieser zettel

tintenblau
das notsignal
darin ein verlust-
wort in rot

schnipsel
bettelten
um
rückruf

auf feuchtem fetzen
heut im rinnstein
verläuft sich der name einer katze

GRENZERFAHRUNG

hier ist der zaun
könig über luft
schranken
werden wörter
konfisziert
ist demarkation
eine glaubensfrage
misst der zoll
stock hoheit
bis ans bittre limit
ist überschreitung
eine richtung

DIE SONNE führt
ein schatten
dasein hinter
schwarzen lidern
irrlichter ertasten
rosen im weg
im blindenglauben
an die farbe
blau

KORTEX

rasterfahndung in der groß-
hirnrinde einer palme
wo ameisen konsequent
ermitteln

konspirative zellen
verdächtige strukturen
die waffeleisen
imitieren und
so tun als ob

wir je erfahren würden
was sich abspielt zwischen
baum & borke

WINDFLÜCHTER

bäume am strand
gebeugte kapitäne
ungebrochen
kommandieren nach
wie vor dem wind
die richtung

in sanfter brise
lassen sie
zuweilen äolsharfen klingen
im sturmgebraus
hört man sie fluchen
laut und lange
bis die windsbraut
heult

ZIMMER OHNE MEERBLICK

keine aussicht auf
gebeugte bernsteinsucher
burgenbauer ladys
die wie ungefärbte ostereier
in strandkörben liegen

zimmer hinterm mond

kein wellenschlag
kein kinderjauchzen über
himmelsdrachen

zimmer im funkloch

nur rufe nach dem kellner
irres lachen einer möwe
mofaknattern radiomusik

zimmer mittenmang

abends unterm schlag
der kirchturmuhr duckt sich
ein jegliches geräusch

nachts halt ich eine muschel
an mein ohr

RAPS-ODIE

Als habe alles Gelb der Welt
ein Rendezvous mit Malern,
Dichtern, Photographen.

Zitronenfalter üben jetzt
perfektes Mimikri, und Löwenzahn,
vorübergehend Randerscheinung,
hat erst als Pusteblume wieder
Konjunktur.

Reetdächer sinken in Moränentäler,
Wallhecken knicken ein
vor so viel ölig satter Energie.
Und Bienenvölker fliegen
auf den Duft.

Wir setzen auf die Farbe Gelb,
solange sie noch hoch im Kurs,
und wetten auf den Sommer.

HERBSTWIND,
zu früh hereingestürmt
in meinen späten Sommer:

Zerstreu die Blätter
meiner Sonnentagebücher!

Füll meine Fußspur
mit dem Laub der Eberesche!

Sie hatte ihre Zeit.

DORFSCHULMUSEUM

Bankreihen stehn gerad
für eingeritzte Namen, Formeln,
pfeildurchbohrte Herzen.

Ein ungeschriebner Aufsatz
hat sein Thema längst verfehlt.
In Tintenfäßchen totes Blau.

Schaubilder lehren Eisenerzgewinnung,
Mores, Beten, Turnen.
Ein Alphabet zerbröselt auf Stramin.

Der Kaiser hinter blindem Glas
blickt zuversichtlich in Vergangenheiten,
weiß nichts von der gefährdeten Versetzung.

Ein Rohrstock lehnt im Eck,
als warte er
auf schlechtere Zeiten.

ERSTLESER

Die Fliege mitten im Gedicht
umkrabbelt eine unbetonte Silbe,
setzt einen Punkt
und putzt sich, fliegt davon.

Ein Käfer, schon viel dichter
dran am Text, verharrt
minutenlang vor einem Reim,
als überlege er,
wie's weitergehen soll.

Dann klappert er
am Rand zwei Strophen
ab und fällt ins Gras.

Die Fliege kehrt
zurück, ihr muss
beim Rundflug
aufgegangen sein,
dass jener Zuckerrübensirup-
Tropfen
auf meinem Blatt
poetische Potenz enthält.

SAGEN VOM HÖREN

Auf Minenfeldern keimt der Samen
für verdächtige Rekordernten.
Im Heimatland der mutterlosen Köpfe
schert sich kein Hund mehr
um das Längenmaß der Leine,
und will kein Schaf den Wolfspelz missen.
Ausflugsdampfer gehen baden in Öl,
Politiker regieren wählerverdrossen,
im Fernseh'n sitzen die Pointen schief,
man muss jetzt an der falschen Stelle lachen.
Kein ernst gemeintes Wort von gestern
wird ohne Makel buchstabiert.
Befehlshaber lassen Bäume besprühen,
die zu lila Monstern werden,
und morden, wenn sie schon dabei sind,
die Erinnerungen an Atlantis,
wo man, das weiß ja kaum noch einer,
fruchtbare Alphabete lächelnd
auf die Äcker streute.
Den Sehern, die den Blick
nach hinten wenden, nimmt man
auch diese Sicht der Dinge nicht mehr ab.

ODEN AN BLAU

Unverstandene Bücher
fordern große Anstrengungen
roter Tinte. Sie erwarten
an gottgesandten Tagen
Spruchweisheiten des Druckers,
auf dass er in Sekunden der Wahrheit
über bleiernes Grau
frischen Flammruß ziehe.
So treten neue Satzfiguren auf
und schreiben Oden
an die Farbe Blau.

KREUZWORTRÄTSEL

Die Jalousie zerteilt
den Himmel akkurat
in Horizonte.
Waagerecht.

Im Sturzflug macht
der Falke einen Strich
mir durch die Rechnung.
Ungerecht.

TAO AUF KORSIKA

Hauswand in Gelb,
vieljährig und
in jeder Tonart gelb.

Ein Baum entwirft
veränderliche Schatten-
Muster.

An Stellen hängt
der Putz herab: Kalender-
blätter, abzureißen.

Von der Reklame
noch drei blasse blaue Lettern –
T und A und O.

Blickt eine Taube auf,
liest, ruckt den Kopf und nickt,
als wüsste sie den Sinn.

FRA-GEBOGEN

vorzimmersilben fordern
holzfrei denken
wie gedruckt

setz nasführungszeichen
und begnadige dir
die lebensläufe selbst
geboren
gebogen
gestorben
begradigt

Peter Michael Heyer

EIN TAG MIT ENKELN

Guck, guck, das sind schon unsere Enkel.
Die Tür steht halb offen.
Wir wagen das Eintreten kaum.
Sie schlafen so schön.
Da atmet einer tief, ist es der Noah?
Ist es Anna?

Sie malten bei uns.
Anna die gelbe Sonne
mit etwas Rot und Grün.
Und er, der Noah,
ein braunes Wildschwein.
Es steht auf einem Hügel,
zeigt seine weißen Hauer
nach vorn zum Angriff bereit und grunzt.
Er, er liebt das Wildschwein, der Noah!

Wir lasen auch: Peter und der Wolf.
Die Kleine flüchtete, fast Tränen im Gesicht,
auf Kirstins Arm, die drückte sie fest, fest an sich.
Noah aber ist ein Junge und
er freut sich über Peters Triumphzug.
Und ich zeige ihm den jämmerlichen Großvater,
der gesagt hatte: Und wenn der Wolf nun nicht...

So ist das Leben: Wenn nun nicht, dann...
Ja, dann wäre alles anders gekommen,
kein ThomasPapa
keine FraukeMama
kein GroßvaterPeter
keine OmaKirstin
kein OnkelErik
kein OnkelJohann.

Ja, dann hätten wir zusammen
auch heute nicht die
Sonne gemalt.
Und das war doch sehr, sehr schön.
Anna die Sonne.
Noah das Wildschwein –
mit den Hauern,
wie es grunzt.

Und nun schlafen die beiden
und die Kirstin, die Oma schläft auch,
und der Großvater schreibt diese Geschichte auf
und gleich darauf schläft auch er,
auch ohne Angst vor dem Wildschwein
oder dem bösen Wolf!

MIT DEM FAHRRAD

Mit dem Fahrrad fahre ich
ein Fenster wird geöffnet am Morgen
fast Mittag schon
es schaut eine Frau heraus
eine stille Welt
mit Küche Betten Kochtöpfen
Mann Kindern Verstorbenen
und Lebenden

der Raum dahinter im Dunkeln
die Vorhänge blau
mit dem Fahrrad fahre ich

vorbei

IN DIE KÜCHE GEGANGEN

sah ich aus dem Fenster zum Hof.
An der Wand gegenüber
bewegte sich
an einem Spinnenfaden
ein braunes Birkenblatt.

Am Abend in die Küche tretend
sah ich dasselbe Blatt
am Faden.

War nichts passiert?

AM GUTEN MEER

Am guten Meer
der Hoffnung
liegt der Strand
voller Leichen.
Ich bin eine Qualle,
an den Strand gespült,
zwischen Tang und Buhnen
– mit eisernen Schrauben.

Mein Vogel muss tot sein,
dort liegt sein Flügel.

Wer sagt denn,
dass ich
nicht
selbst das Meer bin?

RANUNKEL

Ich möchte so gerne meine
ranunkel rapunzel rosmarin sehen
doch es ist winter

in den hütten kein feuer mehr
die Nacht hat alles bedunkelt

der christdorn
im herrschaftlichen haus
blüht er vergebens?

MORAST

In den weichen Morast
drücke ich gern
mein Gesicht.
Quellwasser
sprudelt vom Moos.
Die Zweige der Hoffnung
erreichen das Malen
der Kinder.

Sie saß
und klöppelte
bis der Faden riss
– der Faden rot –
am Leichenskelettsee.

Fern im Blauen.
Ich pfeife.

Nie wieder
werde ich hinken
barfuß im Schnee.
Kein Rabe pickt mir
am Auge.

Noch eine Reise halb um die Welt?
Noch einmal Hamburg?
 – Nein –
Gehe hin und male
mit den Kindern
die gelbe Sonne.

DER SOMMER

Die Sonne weckt mich
aus dem Traum.

Zinnien blühen,
Wind weht
und auch die Petersilie
wächst gut.
Und bei den Steinen
steht
der winzige Müller
im Gras
bei der Mühle.

Muss vielleicht
nicht fort
– so weit –
nach
Norrlikurr.

MOMMARK

Blaue Leinen hängen
zwischen der Brücke
und einem Pfahl.
Es wird kühl,
Boote sollen
noch kommen.

Sieben blaue
Fischerboote
spiegeln sich
mit weißen
Aufbauten
im Wasser
am Kai.

Abend schon. –
Ich frage Angler
nach der Zeit,
und vergesse,
wie war der Fang?

Trolle mich von dannen,
ausgeblichenes Altrosa,
auch schwarze Fetzen
im Wind.

Heimgekehrte Fischer
nehmen die Pulle.
Dunkle Wolken ziehen
landwärts,
in der Ferne
Kumulusgewölk.

.

Zwei Wimpel schwarz
vor der Kajüte.
Niemand noch im Hafen.
Nur die Schreie der Vögel.

Es liegt
das ferne Ufer
im Licht.

Die Abendsonne kommt mir entgegen,
entgegen bis zur Herberge
in Vollerups altem Gasthaus.

EINE SONDERBARE GESCHICHTE

Sie bewegt sich im Schlaf.
Schreib auf:

Ich hab Dich gefunden,
doch ich bleibe derselbe,
der Scheitel immer noch links!

Wir haben ein Haus
an der Straße zum See,
staubig, voll Schlaglöcher,
mit Bauschutt;
festgefahren.

Im Winter,
wenn es regnet,
Wasser in den Pfützen
aus Eis...

– sonderbar –

Schon denke ich
an den Winter

die Sonne wird glänzen
überm See,
wenn heute
der Morgen kommt.

Mir scheint,
es schneite
schon...

GEH IN DEN REGEN

Geh in den Regen,
da fallen Deine Träume
von allen Blättern,
auch die Tränen fallen.

Alte weinen hinter Mauern,
manche falsche
Lustigkeit weicht.
Und der Clown
bleibt nicht.

DU, FLÜSTERE MIR ZU

Du,
flüstere mir
zu:
die Liebe,
die Freiheit,
die Güte.
Flüstere sie mir zu,
Quelle des Lebens.

Sprich nicht!
Geh,
trage
den Schmerz!

Flüstere mir
zu
Liebe,
Güte,
Freiheit.
Du Ursprung
allen Seins.

EIN WEG

Ich ziehe eine lange Linie
hin über den Sand,
hin zu einem fernen Stein.

Der liegt hinter Straßenecken
und so manchem Hügel.

Der liegt hinter Kreuzungen und Wäldern
am kleinen See.

So ziehe ich jahrzehntelang,
mein Stein liegt nicht mehr dort.

Ich finde: Kirchen und Klöster,
auch Meere und Sandbänke,
Gebirgsklüfte, Wüsten.

Hinter Übergängen: ein Bahnhof.

Und Du sagst: „Der Zug fährt zu Dir!"

Ingeborg Jakszt-Dettke

DEIN LACHEN

Das Lachen mit Dir
Will ich nicht vergessen

Nachtgespräche
Will ich nicht vergessen

Ich will nicht vergessen
Das Schweigen mit Dir

Ich will nicht vergessen

DAS BOOT

Langsam gleitet das Boot
Glitzert und funkelt das Meer
Spiegel tanzen auf Wellen
Am Himmel Wolkentiere

In einem von ihnen bist DU
Lächelst verschmitzt, winkst
Stolz auf diesen Logenplatz
Die Welt liegt Dir zu Füßen

VOR DEM STURM

dunkle Wolken –
schwer

reglos –
die Bäume

Äste –

ragen nackt

von fern ein Zug
Hundegebell
Vogelrascheln –

hörbare Stille

WOLKEN

Büffel
jagen über den Himmel
Schafe fliehen

zerrinnen –

graue Vögel
ziehen vorbei

Fabelwesen wachsen

Hörner
stoßen drohend herab

alles fließt
wird neu geboren

„Wie hoch mag es früher gewesen sein?", ich sah meine Mutter fragend an, „sieh mal, die eine Außenwand steht noch."

Zum ersten Mal in meinem Leben war ich mit einer quietschenden und scheppernden Straßenbahn gefahren – zerstörte Häuser und Trümmerlandschaften – und nun standen wir vor „unserem" Haus in der Prinzregentenstraße.

Meine Schwester sah ängstlich auf die Ruine, während ich neugierig auf rissige Wände, die in den Himmel ragten, auf brüchige Treppen, in halbe Zimmer und Küchen blickte.

Meine Mutter zeigte auf den ersten Stock. „Er ist noch heil geblieben. Dort werden wir wohnen."
Ein Zimmer, eine Küche, ein Bad. Nichts funktionierte mehr. Aber immerhin – wir besaßen ein Badezimmer. Alle zwei Wochen schleppten wir Kochtöpfe mit heißem Wasser vom Herd und gossen es in die Wanne. Jutta und ich hockten in der Pfütze und fühlten uns großartig!

Im Hof, einem düsteren Viereck, das von eingestürzten Seitenflügeln und dem Hinterhaus eingerahmt war, spielten wir „Probe". Mal mit der Handfläche, mal mit der Faust mussten wir den Ball gegen die Wand spielen und wieder fangen: „Zehnmal Klatsche, neunmal Bete, achtmal Knete... einmal über den Rücken" – und fertig.
Meine Schwester fühlte sich bald als „Meisterin", ich jonglierte lieber mit drei oder sogar mit vier Bällen.
Oft sah uns meine Mutter zu, versuchte es auch. „Wir werden alle drei Artisten. Wir werden viel Geld verdienen", sagte sie lächelnd, dann sah sie uns streng an: „Kinder, hier unten dürft ihr spielen, oben habt ihr nichts zu suchen. Da können Wände einstürzen und die Treppenstufen durchbrechen. Wer weiß, was sich da auch für Gesindel 'rumtreibt!!"
Wir nickten artig.

Das brüchige Treppenhaus über unserer Wohnung reizte nun erst recht!

Ratten waren das Gesindel! Sie flitzten über unsere Füße, entsetzt polterten wir die Treppen zu unserer Wohnung hinab, sprangen über fehlende Stufen, das Geländer wackelte, Staub rieselte.
Aber wieder und wieder kletterten wir mit klopfendem Herzen die verbotenen Treppen hinauf.

Noch reizvoller waren Trümmergrundstücke, von denen gab es in unserer Straße genug.
„Wollen wir Trümmereinkriege spielen?" Erwin aus dem Rest des Nachbarhauses sah uns auffordernd an.
„Ach nee, du fängst uns ja immer so schnell", nörgelte meine Schwester. Doch schon hetzten wir über Mauerreste, Steinbrocken, blieben in wild wucherndem Gestrüpp hängen, kletterten über herausragende Eisenträger.

„Wir spielen lieber Bunker! Das macht mehr Spaß!" Die Jungen pfiffen und johlten wie eine Sirene, die Mädchen schrien: „Bombenalarm, Bombenalarm!" und flüchteten in den Bunker.
In einer Höhle zwischen Steinhaufen drückten wir uns eng aneinander und legten unseren „Schmuck" an. Aus Bindfäden, Gräsern, kleinen Steinen und Knöpfen hatten wir Ketten, Armbänder und – ganz wichtig – Uhren hergestellt. Flüsternd besprachen wir unsere ernste Lage und leuchteten mit Holz- und Steintaschenlampen umher. Die Mädchen, die ihre Puppe mitgebracht hatten, beruhigten ihre weinenden Kinder.
Mit Gebrüll und wild gestikulierend überfielen die Jungen uns Mütter: „Frau – Uhr!! Frau – Kette!! Frau – komm!!"
Sie rissen an unserem Schmuck, während wir uns heldenhaft wehrten. Es endete meistens in einer unter viel Gelächter ausgetragener Prügelei.
Ein tolles Spiel!!

Meine Freundin brachte eines Tages einige leere Schuhkartons mit. „Meine Mutter arbeitet jetzt in einem Schuhladen!"
Begeistert bastelten wir daraus Möbel für unsere Puppen. Auf dem Trümmergelände bauten wir für sie großzügige Wohnungen und trennten die Räume durch Steine, Äste und Holzbretter. Unsere Puppen hatten ein eigenes Kinderzimmer und – natürlich! – jede ein eigenes Bett.
Meine Schwester und ich mussten uns ein Bett teilen.

Wir zogen um: Eine unzerstörte, baumbestandene Straße, zwei geräumige Zimmer, ein eigenes Bett! Meine Mutter war glücklich!

Jutta und ich standen vor dem Haus: „So eine blöde, langweilige Gegend!"

Herr Elze sah uns verblüfft an, als wir aus seinem ehemaligen Kinderzimmer traten.

„Ich wusste gar nicht, dass ich zwei so hübsche Töchter habe", scherzte er und lächelte gutmütig.

Ein Bombenschaden aus den letzten Kriegstagen hatte sein Haus unbewohnbar gemacht, und er war in die geräumige Wohnung seiner Mutter gezogen.

„Haben Sie auch Kinder?", fragte ich – wie alt mochte er sein?

„Nee, nee, leider nicht, ich bin noch nicht einmal verheiratet", seufzte er.

„Wir wohnen hier mit unserer Mutti zur Untermiete", erklärte Jutta eilfertig, „unser Vati ist im Krieg gefallen."

„Ach, Gottchen nee, so was aber auch!" Herr Elze sah uns mitleidig an, „dann seid ihr ja Halbwaisen!"

Da war es – das Wort, das ich hasste – „HALBWAISEN", als ob wir nur aus einer Hälfte bestehen würden. „Vollwaisen" hört sich viel besser an, dachte ich häufig.

Wir beneideten Kinder, die einen Vater hatten, auch wenn sie erzählten, dass sie von ihm geschlagen wurden. So schlimm konnten Schläge doch gar nicht sein? Um nicht mehr „halb" zu sein, hätten wir gern ab und zu eine Tracht Prügel in Kauf genommen. – Vielleicht könnte Herr Elze...? Ob er Kinder verprügelte??

„Ja, wir sind Halbwaisen" – traurig sah ich ihn an, er strich mir über die Haare.

„Ach, Gottchen nee, ihr seid ja auch so dünne! – Esst ihr gern Fleischsalat? Ich arbeite bei Pfennig's Mayonnaise…"

Meine Mutter steckte ihren Kopf aus der Tür und machte uns energische Zeichen – sofort sollten wir das Gespräch beenden.

„Dunnerlittchen", Herr Elze sah sie an, „Sie sind doch nicht etwa die schöne Mutter von zwei so duften Töchtern? Sie sind wahrscheinlich die ältere Schwester?!"

Meine Mutter sah ihn streng an, für zu forsche Komplimente hatte sie nichts übrig.

„Ich bin Frau Schmidt, die Mädchen sind meine Töchter Jutta und Inge", erklärte sie ihm kurz und machte ihr hochmütiges Akademikergesicht.

„Kommt, Kinder, wir müssen los, die Straßenbahn wartet nicht."

Am nächsten Tag stand ein Schälchen Fleischsalat in unserem Fach im Speiseschrank.

Von nun an nahm Herr Elze an unserem Leben teil. Ob im Badezimmer, im Flur oder in der Küche – wir sahen ihn täglich. Ein Höhepunkt in jeder Woche war der Mittwoch. Er erhielt eine umfangreiche Mappe mit Illustrierten vom Lesezirkel „DAHEIM". Wir versammelten uns abends in seinem Zimmer, versanken in Clubsesseln und vertieften uns andachtsvoll und neidisch in das Leben der Schönen und Reichen.

Und regelmäßig standen auf dem Regal in der Küche Behälter mit Fleischsalat.

„Inge", Jutta rüttelte mich wach, „ich glaube, Herr Elze ist in Mutti verliebt."

„Waas?!", kerzengerade saß ich in meinem Bett, „wie kommst du denn darauf!"

„Na, wie der sie immer ankuckt", meine Schwester verdrehte die Augen,

„Frau Schmidt, Sie sehen wieder einmal knorke aus! Nee, was haben Sie wieder für ein schickes Kleid an!" Jutta äffte ihn nach.

„Wir haben überhaupt keine schicken Sachen", stieß ich zornig hervor, „immer nur irgendwas Geändertes oder Selbstgestricktes von Tante Gerda. Ich möchte endlich mal etwas Neugekauftes von Brenninkmeyer haben."

„Siehste, das ist es doch gerade, sie hat überhaupt kein schickes Kleid an", frohlockte Jutta. „Außerdem, glaubst du etwa, Mutti hat sich die Blumen selbst gekauft? Nee, nee, das war er!"

„Ob sie heiraten? Stell' dir vor, dann hätten wir einen Vater!" Meine Schwester kroch zu mir ins Bett.

„Und immer Fleischsalat!", ergänzte ich und dachte an das nie leer werdende Regal.

Träumerisch legte ich mich auf den Rücken. In Gedanken sah ich Herrn Elze zusammen mit meiner Mutter zum Elternabend in die Schule gehen. „Nein, nein, Herr Rohde, Jutta und Inge sind keine Halbwaisen mehr und benötigen keine Zuschüsse für die Klassenfahrt und für die Schulspeisung. Ich bin jetzt ihr Vater, ich bin Angestellter bei Pfennig's Mayonnaise."

Wir lagen eng beieinander im Bett und schmiedeten Pläne.

Ich musste ins Krankenhaus, eine Mandeloperation. Herr Elze tröstete mich: „Das ist gar nicht schlimm, du darfst, nein, du musst sogar danach viel Eis essen. Ich besuche dich und bringe dir eine Riesenportion!" Er kam tatsächlich. Ich sonnte mich in seinem Glanz. Die anderen Kinder in meinem Zimmer hielten ihn sicher für meinen Vater.

„Mutti war mit ihm im Kino", zischte Jutta mir triumphierend zu.

Er spendierte ein Taxi, als ich entlassen wurde. Stolz saßen wir im Auto und hofften, dass uns viele sehen und beneiden würden.

Es klopfte an unserer Tür, sie öffnete sich einen Spalt, eine Hand wedelte mit einem Kinoprogramm.

„Im Roxy-Palast läuft am Sonntagnachmittag ein Tierfilm, etwas über Füchse. Mensch, das wäre doch was für die Mädchen! – Und wir zwei Hübschen verduften so lange und gehen ins Kranzler so richtig konditern?!" Herr Elze sah meine Mutter bittend an.

Sie ging tatsächlich mit ihm aus.

„Das war ja überhaupt kein Film über Füchse, über gar keine Tiere – nur irgendwas Langweiliges über Krieg", ich sah meine Mutter vorwurfsvoll an. Der Tierfilm war ein Kriegsfilm – „Rommel, der Wüstenfuchs!"

Meine Mutter war entsetzt, sie wusste, wer Rommel war.

Am folgenden Mittwoch, beim Abendessen – diesmal ohne Fleischsalat – sagte meine Mutter plötzlich: „Wir werden übrigens heute nicht zu Herrn Elze gehen. Er hat zu tun und keine Zeit für die Illustrierten."

Die „DAHEIM-Mappe" lag am nächsten Morgen vor unserer Tür, daneben eine Tüte mit den von uns heiß geliebten Cremehütchen.

„Ich möchte", meine Mutter sah uns streng an, „dass ihr euch in Zukunft von Herrn Elze etwas fernhaltet, er ist doch – na, wie soll ich das ausdrücken – etwas gewöhnlich und seine Sprache..."
Sie hatte dabei wieder ihr schmales, hochmütiges Akademikergesicht.

„Wir haben im Krieg alles verloren, aber nicht unsere Bildung und die guten Manieren", sagte sie oft und achtete streng auf unsere Sprache. Wehe, wir fingen an zu berlinern!

Herr Elze zog aus. Jutta und ich verabschiedeten uns traurig von ihm. –
Also weiter Halbwaisen – ohne Fleischsalat!

„Nun hab' ich aber genug" – die laute, erboste Männerstimme lässt mich erschrocken zusammenfahren, ich verschlucke mich an einem Stückchen Käse und kann im letzten Moment die Weinflasche vor einem Sturz von der Balkonbrüstung bewahren.

„...ich hab' dir von Anfang an nichts vorgemacht – ich bin nun mal bloß'n kleiner Angestellter – und du kaufst dir schon wieder so'n Fummel!"

Ein Fenster knallt zu! – Schade!! Es versprach spannend zu werden!

Nur noch undeutlich höre ich die quenglige Stimme einer Frau und das tiefe Gebrumm des Mannes.

Ein Violinkonzert von Telemann schwebt dafür in den dunklen Hinterhof, alle drei Pudel von Frau Bergemann rechts über mir jaulen begeistert mit.

Mit einem Teller Käsewürfel, einem Schälchen Oliven und einer Flasche Rotwein habe ich es mir in meiner „Postkutsche" gemütlich gemacht, eingehüllt in schwüle Dunkelheit und verschiedenartige Geräusche und Gerüche aus geöffneten Fenstern und Balkontüren. Drei mächtige Kastanienkronen schützen mich vor unliebsamen nachbarlichen Blicken.

„Postkutsche" – so nenne ich meinen kleinen quadratischen Balkon. Er ist leuchtend gelb gestrichen, hat rechts und links je eine schmale Bank, dazwischen hängt ein kleiner Klapptisch. Ich sitze jeden Abend hier und komme mir mit meinem Gipsbein vor wie James Stewart in dem alten Hitchcockfilm: „Das Fenster zum Hof" – nur das Fernglas benutze ich lieber nicht.

Telemann wird von Schuberts „Forellenquintett" abgelöst. Versonnen trinke ich ein weiteres Glas Wein und genieße das kostenlose Konzert.

Durch die Kastanien etwas gedämpft, höre ich Fetzen einer Unterhaltung:

„...na klar, das ist die, die hinken tut...“ –

„...sag' ich doch, die tut schon wochenlang hinken.“

„...und dann nimmt der doch einfach Schmidt sein' Zettel... das war doch Schmidt seiner, wie find'ste dit?“

Es klingelt. Jetzt werde ich nicht erfahren, was auf „Schmidt sein' Zettel“ steht, und – was ist mit der, die „hinken tut“? Sie reden doch nicht etwa von mir?

Aber wer so spät noch zu mir will, hat vermutlich einen dringenden Grund. Ich humple zur Tür.

Vor mir steht in einem etwas lächerlich wirkenden Schlafanzug der junge Japaner, der seit einigen Wochen unter mir wohnt. Vom oberen Teil seiner Bekleidung blinzelt mir Donald Duck zu. Dünne Beine ragen aus kurzen Hosen und enden in grob gestrickten weißen Socken. Herr Hakido verbeugt sich höflich, blickt mich dann aber vorwurfsvoll an. Mit beiden Händen hält er mir – wie bei einem religiösen Ritual – ein mit Schaum gefülltes Schüsselchen hin.

„Sie haben gebadet? Mit Schaum? Aus meiner Badewanne und Toilette kommt dies hier!!“

Verwirrt betrachte ich den sich langsam auflösenden Schaum, schüttle den Kopf, erkläre ihm, dass ich nicht gebadet habe und puste dabei Schaumwölkchen in das Treppenhaus.

„Woher kommt das? Warum bei mir? So viel Schaum?“ Er sieht mich streng an.

„Das Haus ist uralt, vielleicht sind Rohre gebrochen.“ Mit der Empfehlung, am nächsten Tag die Hausverwaltung anzurufen, verabschiede ich ihn etwas ungeduldig. Als er sich umdreht, sehe ich Tick, Trick und Track auf der Rückseite des Schlafanzuges fröhlich winken.

Ich humple zurück, aber nur die Geräusche der Großstadt sind noch zu hören und unterstreichen die Stille meines Hinterhofes.

Wieder klingelt es! Wieder steht Herr Hakido vor mir, korrekt gekleidet. Mit rudernden Armen zeigt er auf meinen Balkon: „Müssen Sie sehen! Schaum! Soo viel Schaum!!"
Er folgt mir und gemeinsam lehnen wir uns über die Brüstung. Ich bin überwältigt! Ein Schaumberg quillt aus dem Kellergitter, breitet sich auf dem schmalen Rasenstreifen aus. Aufgeregte Mieter stehen auf ihren Balkonen, hängen aus den Fenstern, zeigen sowohl amüsiert als auch erschreckt auf die weiße Pracht.
„So viel Schaum, warum?", wiederholt Herr Hakido und kichert auf japanisch.

Ich humple vorsichtig mit meinem Tablett auf den Balkon, stelle Kartoffelsalat, Würstchen und eine Flasche Bier auf den Klapptisch und werfe noch einen Blick zum Schaumberg zwei Stockwerke unter mir. Er ist merklich zusammengesackt.
Hungrig beginne ich, mein Abendbrot zu essen.
Geschirr klappert, Stimmen geben Anweisungen: „Nee, doch nich' die guten Teller" – „bring' die Pulle Bier mit raus" – „es fehlt noch ein Stuhul..."
Mein Hinterhaus macht sich für die abendliche Mahlzeit an der frischen Luft bereit, man geht zur gewohnten sommerlichen Tagesordnung über. Der Schaum ist bereits „Schnee von gestern".

Links unter mir geht scheppernd die Balkontür von Frau Engelbrecht auf. Ich höre sie laut und aufgeregt in ihr Telefon sprechen: „Mensch, Edith, jut, dass' de' ranjehst – wat gloobst du, wat hier neben mir steht."
Etwas beschämt, aber sehr neugierig luge ich durch meine Petunien. Ich will auch wissen, „wat" neben Frau Engelbrecht steht.
„Jawoll, ick hab' mir Knüffchen besorgt. – Du weeßt ja, Kurt wollte nie eenen haben, aber jetze, wo er uff'm Friedhof liejt, kann er ja nischt machen. – Ick war eben mit Knüffchen an Kurt seinem Jrab und hab' zu ihm jesagt: ‚Kiek ma', wat ick hier habe! Da staunste, wa? Nu' bin ick nich' mehr so alleen'

– „Weeßte, wat ick gloobe? Der Kurt, det war'n juter Mensch, der hat in seinem Sarj mit'm Kopp jenickt."
In mich hineinlächelnd, denke ich an Loriots Ausspruch: „Ein Leben ohne Mops ist möglich, aber sinnlos." Na, bitte!

Jahrgang 1933

Meine erste Erfahrung machte ich mit einer reif entwickelten und vollmundigen Rebsorte, bereits nach dem ersten Glas fühlte ich mich leicht und beschwingt – dieses Gefühl wollte ich nun häufiger genießen.

Du warst der erste Mann in meinem Leben und durch deinen Weg hast du auch den meinen mitbestimmt.

Eigentlich muss ich noch weiter zurückgehen: Am Anfang stand meine vaterlose Kindheit – ich wünschte mir einen richtigen Papa, es durfte auch ein „ganz strenger" sein.

Deine achtundzwanzig Jahre, deine Selbstsicherheit, deine Entschlossenheit, Karriere zu machen waren genau das, was mich beeindruckte. Ehrfurchtsvoll blickte ich zu dir auf und trank stolz einen weiteren Schluck von dem kraftvollen Wein mit dem reifen, üppigen Bukett.

Du erklärtest mir in endgültigem Ton, über Liebe habe man bereits alles gesagt, geschrieben, gefilmt – die Tatsache, dass du mich heiraten würdest, sei Liebesbeweis genug. Dem gäbe es nun wirklich nichts mehr hinzuzufügen!

Erst spät merkte ich, dass ich nicht glücklich war. In den von mir verschlungenen „Trotzköpfchen"-, „Goldköpfchen"-, „Nesthäkchen"-Büchern war alles irgendwie anders!

Du bestimmtest, was wo und warum gekauft wurde, wann wir wohin gingen – ich gehorchte unfroh und nörgelnd.

„Kind, wir können gerne über alles reden, aber es muss dir klar sein, dass ich neun Jahre älter bin als du. Natürlich habe ich mehr Erfahrung!" – Niemals unterhielten wir uns über unsere Gefühle, unsere Wünsche, aber oft übers Wetter, den Hundedreck auf der Straße, die „Fremdarbeiter"...!

Nach zehn Jahren stellte ich fest, dass der Wein gekippt war. Er war ungenießbar und hatte einen trockenen und bitteren Nachgeschmack.

Jahrgang 1953

Das passende „Gegenstück" zum bitteren, schweren Jahrgang wurde ein schlanker, harmonischer Wein mit leichter und doch pikanter Struktur! Er hätte bis zur vollen Reife noch einige Zeit lagern müssen, aber gerade durch seine junge Frische bestach er mich.

Ich lernte dich kennen, als mein Leben ungeordnet vor mir lag und ich herauszufinden versuchte, was ich wollte.

Du warst süß mit deinem braunäugigen Dackelblick und dem unsicheren Lächeln.

Es war typisch für dich, dass du erst meine Freundin in ein Gespräch verwickeltest, ehe du wagtest, eine Unterhaltung mit mir zu beginnen.

Du warst jung, schmal und sensibel. Deine strahlende Verliebtheit, deine Bewunderung für mich, deine Jugend taten mir gut – du warst zwölf Jahre jünger als ich.

Nie fordertest du etwas von mir, nie bestimmtest du die Gestaltung unserer gemeinsamen Tage und Nächte, dafür redeten wir Stunden und Stunden über uns – über dich, über mich, über unsere Gedanken.

Du zogst in meine Wohnung und wir genossen häufiger den fruchtig-duftigen Wein. Doch dein nie enden wollender Wunsch, Zuwendung zu erhalten, machte uns das Leben schwer.

Irgendwann begann ich, dich als weich, kraftlos, ja, sogar als unterwürfig zu empfinden. Du solltest endlich mal den „Mann" in dir „herauskehren" und Entscheidungen treffen.

Ich fing an, mich nach der „breiten männlichen Schulter" zu sehnen.

Die anfangs so auf der Zunge zergehende süße Leichtigkeit schmeckte mir nicht mehr.

Ich wollte eine kräftigere Sorte ausprobieren!

Jahrgang 1938

Griechischer Wein!! Voller Sonne! Intensiver, körperreicher Geschmack!

Du warst ein fantastischer Mann! Die Frauen lagen dir zu Füßen – ich erst recht! Du hast es genossen, mich störte es nicht.

Was du auch immer wolltest – ich tat es und war hingerissen!

Grauer November! Der Wein, der mit seinem vielschichtigen Bukett an die Feurigkeit der im Rausch getrunkenen Gläser in Griechenland erinnern sollte, schmeckte im regnerischen Berlin bald sauer.

Du lehntest mein selbständiges Leben, meinen Beruf, meinen Freundeskreis ab, ich sollte ausschließlich für dich da sein. Stundenlang durchbohrtest du mich mit Fragen über mir lächerlich erscheinende Dinge. Warum sollte mein Auto nicht unter einer Camel-Werbung stehen, auf der ein junger Mann ein Loch im Schuh zeigte? Deine Eifersucht wurde unerträglich.

So lebst du wieder auf deiner griechischen Insel und trinkst den Wein mit einer anderen Frau.

Ich beschloss, für eine Weile auf Wein zu verzichten!

Jahrgang 1948

Irgendwann aber entwickelte sich das Bedürfnis nach einer Rebsorte mit differenzierter Ausdruckskraft und Fülle. Dieser Wein sollte würzig und herzhaft, frisch und lebendig, etwas rauchig und samtig weich schmecken und der höchsten Anforderung an Harmonie entsprechen!

Und ich fand ihn – ich fand DICH!

Gerade sehe ich dich über die Straße kommen – du winkst mit einer Flasche „Spätlese", dessen üppige Fülle und Geschmeidigkeit mit zunehmendem Alter wir immer noch genießen.
Ich hole schon mal zwei Gläser.

Rolf Kamradek

In La Paz / Bolivien
EL CHICO LACHT

Sogar die Schnürsenkel zieht er mir aus den staubigen Schuhen, rasselt dabei, mich zu erfreuen, die Aufstellung von Bayern München herunter, vergisst auch nicht Ersatzspieler und Trainer, steckt die Bänder in seine Hosentasche, und dann wienern seine flinken Hände, mal mit Bürste, mal mit Lappen über das immer mehr aufglänzende schwarze Leder. Hierbei erzählt er mir jedes Mal eine Geschichte. Wenn er zuletzt die Schuhbänder wieder einfädelt, bedauert er die armen Kinder in Alemania. „Von was leben die?", fragt er, als ich ihm zwei Bolivianos statt des einen verlangten gebe, „von was leben die, wenn es dort nicht einmal Schuhputzer gibt!"
El Chico ist trotz seiner höchstens zehn Jahre ein Meister seines Faches, und vor allem – er lacht bei der Arbeit. Man kann es sogar sehen. Über sein Gesicht hat er nämlich keine dieser schwarzen Wollmützen gezogen, aus deren Sehschlitzen seine erwachsenen Kollegen unheimlich hervorlugen. Wie Bankräuber – oder wie Terroristen. Nie würde ich mir von diesen Gestalten die Schuhe putzen lassen. Wie, wenn sie mir plötzlich das Standbein wegzögen, mich ausraubten und davonliefen? Nicht einmal nachlaufen könnte ich ihnen ohne Schnürsenkel!

El Chico lacht beim Erzählen – zwischendurch, immer dann, wenn seine Geschichten unheimlich werden – so als wollte er sie abmildern und mich beruhigen.
Gestern etwa wurde eine Touristin überfallen. Da drüben im Hexenviertel, da wo die bunten Indiofrauen die präparierten Embryos verkaufen. Die bringen Glück.
„Richtige Embryos?" Ich muss schlucken. „Wo haben sie die denn her?" Nein, das weiß El Chico nicht so genau. „Aber Lamas müssen ja hart arbeiten und dabei verlieren sie oft ihren Nachwuchs." Er lacht und es klingt bedauernd.

„Was war mit der Touristin?"

Er lächelt zu mir hoch: „Ein Gullydeckel stand offen. Die weiße Frau wurde gestoßen und stürzte. Ich hab es genau gesehen. Zwei, drei Kerle halfen ihr auf – aber", er dreht die Hände samt Bürste und Putzlappen nach außen, so als wollte er sich entschuldigen, „aber das waren keine Bolivianer, Señor,

98

glauben Sie mir! Das waren Ausländer, Rateros aus Peru.
Sie betatschten die Gringa von zwei Seiten. Die schrie vielleicht! Dann – klack", der Junge klatscht auf meinen fertigen Schuh, „war der Gullydeckel zu und die Banditen waren verschwunden. Geld und Fotoapparat auch."
El Chico lacht.

Das also ist das Hexenviertel. Und da ist so ein Gully. Ob der es war? Und da – da sind sie – überall diese Lama-Embryos, daneben aufgeblasene Frösche mit Glitzeraugen, ein ausgestopftes Gürteltier, ein Ozelot. Schön gemusterte Ponchos, Pullover, Decken, Kissen in allen Farben und unzählige Idolos, unter- und nebeneinander aufgereihte heidnische Götter. Ich kaufe mir so eine Tonfigur und hänge sie mir um den Hals – an einem Band in den bolivianischen Farben: Rot – Gelb – Grün.
Wie diese Indiofrauen ihre kleinen Kugelhüte auf den großen Köpfen balancieren! Und diese weiten, bunten Röcke! Unnahbar sehen sie aus, die braunen Gesichter mit den scharfen Nasen. Aber wenn sie über die Plaza Murillo und an El Chico vorbeigehen, wippen die Röcke und sie winken ihm zu und lachen. Dabei sieht man das Gold in ihrem Mund blitzen. „Geschäftsfrauen", sagt El Chico und nickt anerkennend, „die haben Geld. Die können sich die Zähne mit Gold verzieren lassen. Nein – nicht, weil die Zähne schlecht wären!"
El Chico lacht.

„Eine war gleich tot", sagt er, zuckt die Schultern und lacht unsicher. „Hier, von diesem Dach – ja, das ist der Präsidentenpalast – also da herunter schossen die Soldaten – mitten hinein in die Menschen, die sich gerade hier aufhielten – so wie wir jetzt. Und vom Gebäude gegenüber, da schossen die Guerilleros – ebenfalls mitten in uns hinein. Peng, peng."
Damals hatte El Chico das Schuhputzen abbrechen müssen. La Paz brannte und überall hatten Tote gelegen.
„Aber mein Kunde", beruhigt mich der Junge und reibt intensiv an der Schuhspitze, „mein Kunde, der wurde nur verwundet."
El Chico lacht: „Danach war Karneval."

Überall sehe ich nun die Soldaten – kleine, untersetzte Indios, deren Oberkörper durch die kugelsicheren Westen aufgebläht erscheinen. Sie lehnen an Metallgittern. Diese können sie jederzeit auf die Fahrbahn schieben – als Straßensperren.
Und sie tragen Maschinenpistolen. Sie stehen auch vor San Francisco. Die Kirche ist überbordet mit Ornamenten und Figuren. Indianerbarock. In der Krypta ist es stockdunkel. Mit einer brennenden Kerze kann ich undeutlich die Gräber der Freiheitshelden erkennen: Murillo und Bolivar. Im Obergeschoss dagegen fällt helles Tageslicht durch hauchdünne Fensterscheiben. Sie sind aus Marmor und haben den Vorteil, nicht zu splittern. Die Kugeln konnten glatt durchschlagen. Nur ein rundes Loch ist geblieben.

„Ah, die Pacha Mama", sagt El Chico heute und zeigt auf die kleine Tonfigur, die an meinem Hals baumelt. „Wer?", frage ich.
„Die Mutter Erde", erklärt er, „das ist unsere wichtigste Heilige."
„Ist das nicht die Jungfrau Maria?"
„Nein, – die doch nicht. Die lebt doch nur auf der Erde – genau wie wir Menschen." El Chico macht eine wegwerfende Handbewegung. „Die Pacha Mama aber", erklärt er mir wichtig, „die lebt in der Erde. Ohne Erde könnten wir nicht leben." Das klingt einleuchtend.
„Wissen Sie, Señor", erzählt er weiter und spuckt auf seinen Polierlappen, „wenn die Campañeros den Boden pflügen, dann stören sie die Pacha Mama. Deshalb müssen die Frauen bei der Arbeit ein Baby auf dem Rücken tragen, das besänftigt sie wieder." El Chico lacht. „Wenn aber ein Haus gebaut wird...", fährt er fort und bearbeitet einen hartnäckigen Schmutzfleck „...also, wenn das Haus klein ist, da genügt ein Lamm, oder ein kleines Lama. Was Lebendiges eben." Er wechselt von meinem linken auf den rechten Schuh. „Aber bei einem großen Haus, oder gar einem Hochhaus..."
„Ja, was dann?", frage ich und muss plötzlich daran denken, wie viele Menschen täglich in La Paz verschwinden.

„Es genügt, wenn es ein Säufer ist." El Chicos Stimme wirkt beruhigend. „Wissen Sie, Señor, so einer, für den wir anderen arbeiten müssen. Und Kinder darf er natürlich auch nicht haben. Darauf wird geachtet."

100

„Aber man wird ihn doch nicht etwa..."
„Nein, nicht einfach so. Er darf so viel trinken, bis er nicht mehr stehen kann. Erst dann mauern sie ihn ein."

Ein Polizist steht plötzlich neben uns, auch er ist schwer bewaffnet. Er ergreift El Chicos Schuhputzkiste, zerrt sie unter meinem darauf stehenden Fuß hervor und fährt den Jungen an:
„Du weißt genau, dass du auf der Plaza Murillo keine Schuhe putzten darfst!" Er wendet sich zu mir. „Es ist verboten, Señor. Der Präsident, die Abgeordneten, die Touristen – sie dürfen nicht belästigt werden."
„Aber er belästigt mich nicht", wende ich ein.
„Vorschrift", sagt der Polizist streng, „das Werkzeug wird eingezogen."
El Chico beginnt zu weinen. Plötzlich reißt er dem Wachmann das Schuhputzzeug aus der Hand und rennt davon. Der Polizist fuchtelt mit seiner Pistole und schimpft hinter ihm drein.
Ich stehe ohne Schuhbänder mit halb geputzten Schuhen da. Schlurfend verlasse ich die Plaza.

Wo ist El Chico? Ich brauche die Schnürsenkel! Ein kleines Mädchen fasst meine Hand und zeigt auf eine Straße, die steil in die Höhe führt. Oben sehe ich ihn. Halb verdeckt steht er hinter einer Ecke und winkt mir zu. Ich soll hinaufkommen. Ich winke ihm auch, aber er schüttelt energisch den Kopf. Ich muss also zu ihm hochsteigen. Das ist lästig ohne Schnürsenkel und vor allem muss ich mehrmals stehen bleiben. Das kommt von der Höhenluft und ich verstehe, warum die brasilianischen Fußballstars in La Paz immer verlieren.

Vorsichtig schaut El Chico sich um, dann macht er sich wieder über meinen Schuh her.
„Warum hast du mir nicht wenigstens meine Schuhbänder dagelassen?", frage ich, während er putzt.

„Señor, dann wären Sie gegangen, ohne zu zahlen", antwortet er. „Ich weiß nicht, ob ich Sie wieder getroffen hätte. Auf der Plaza darf ich mich jetzt nicht sehen lassen."
Er fädelt die Schnürsenkel ein.

„Drei Bolivianos", sagt er und hält die Hand auf.
„He, Chico", protestiere ich, „Schuhe putzen kostet einen Boliviano."

„Aber Sie geben zwei.“
„Gut, aber warum auf einmal drei?"
„Gefahrenzulage“, sagt El Chico und lacht.

Aus *Pharisäer – unterwegs in komischen Welten*, mit freundlicher Genehmigung des *Mohland Verlag*es

DIE TANZSTUNDE
oder
Mut

Wir waren nun aufgeklärt, und auf einmal hieß es, wir gehen alle in die Tanzstunde. Nur der Geiser machte nicht mit. Er sagte, das Tanzen bringe ihm seine Mutter bei.

Vor der Tanzschule Georg warteten wir auf der einen, die Mädchen auf der anderen Straßenseite.
Die Jungen trugen enge schwarze Hosen und kleinkarierte Jacketts, das nannte man Kombination.
Nur ich hatte den zweireihigen grauen Anzug meines Vaters an. Die Hose hatte breite Aufschläge, war an den Oberschenkeln zu weit und die Jacke zu groß.
Das heißt, der Meisel trug auch einen alten Anzug – von seinem Onkel. Der Anzug war blau und sah nicht besonders gut aus.
Was die Mädchen anhatten, weiß ich nicht mehr genau, nur, dass unter ihren Röcken Petticoats hervorlugten.
Die Reitl-Rosi war auch unter ihnen und guckte immer herüber.

Plötzlich dachte ich, ich versinke in den Erdboden. Da kamen doch meine Eltern ganz gemütlich, Arm in Arm, dahergeschlendert.
Ich ging langsam zu ihnen und sagte möglichst unauffällig und ohne die Lippen zu bewegen: „Was wollt ihr denn hier?"
„Ach – wir wollten nur mal gucken", antwortete meine Mutter.
„Haut bloß ab", sagte ich wieder möglichst unauffällig.
Da gingen sie schnell weiter und taten, als hätten sie uns nicht gesehen.

Dann ließ uns der Georg rein.
Wir Jungen saßen auf Stühlen in einer Reihe längs der Wand und die Mädchen auf der anderen Seite. Die Reitl-Rosi hatte sich mir gegenüber gesetzt.
Der Georg hielt eine Ansprache. Er erzählte uns, wir seien hier, nicht nur um das Tanzen, sondern auch, um Benehmen und Takt zu erlernen.

Er war ein kleiner Mann mit Glatze, und wenn er sich bewegte, hatte man den Eindruck, er gleite. Seine Partnerin, das Fräulein Wild, war weißblond und einen Kopf größer.

Er sagte, kleine Leute seien die besseren Tänzer. Dann zeigte er uns, wie man eine Dame zum Tanz auffordert, und machte einen Diener vor ihr.

Es gibt aber noch viele andere wichtige Regeln: So darf man, wenn man ein Weinglas hält, nicht den kleinen Finger abspreizen und wenn beim Auffordern eine Dame sitzen bleibt, muss sofort ein Herr vom Nachbartisch aufspringen und sie auffordern. Dafür darf eine Dame einem Herrn auch keinen Korb geben – es sei denn, sie hat sehr wichtige Gründe. Am Ende des Unterrichtes muss der Herr die Dame, die er zu Beginn aufgefordert hat, nach Hause begleiten. Nach der dritten Stunde darf er eine zum Schlussball einladen.

Der Georg mahnte nun die Herren, die Tanzfläche gemessen zu überschreiten, nicht zu laufen und nicht zu drängeln. Dann sagte er endlich:

„Meine Herren, darf ich bitten?"

Wir sprangen alle auf und rannten über das Parkett. Aber der Ratgeber flog der Länge nach hin, weil er schräg lief und mit dem Luckinger zusammenstieß. Ich rannte geradeaus und machte vor der Reitl-Rosi eine Verbeugung. Sie stellte sich neben mich.

Leider waren wir mehr Jungen als Mädchen. Trotzdem blieb die Miller-Susi sitzen, und der Ratgeber, der Luckinger und der Meisel taten, als sähen sie es nicht und schauten an die Decke.

Der Meisel aber nur, weil er so schüchtern war!

Der Tanzlehrer Georg wurde wütend und schrie, er glaube nicht, dass er es mit Gymnasiasten zu tun habe, sondern mit Bauern. In seiner Schule dulde er nur Kavaliere, und eine solche Beleidigung einer Dame werde er nicht durchgehen lassen, und er schickte uns alle zusammen zurück auf unsere Stühle.

Die Miller-Susi war tiefrot.

Der Georg sagte wieder: „Meine Herren, darf ich bitten?!"

Wir rannten erneut los, ich erwischte wieder die Reitl-Rosi, die Miller-Susi blieb sitzen und der Kannheiser, der Herz und – der Meisel taten, als sähen sie es nicht.

Der Georg schrie und drohte, er würde den ganzen Kurs abbrechen, und wir mussten wieder auf unsere Stühle.
Die Miller-Susi sah aus, als ob sie gleich losweinen würde.
Beim dritten Mal drängte sich der Ratgeber im letzten Augenblick zwischen mich und die Rosi und verbeugte sich.
Die Miller-Susi saß allein, und der Grögler, der Meisel und – ich standen da und schauten uns an.
Da ging ich ganz langsam und gemessen schräg durch den Saal und verbeugte mich vor der Susi.

Nachher, auf der Toilette, sagten alle, sie fänden das hochanständig von mir.
Ich musste die Susi hinterher nach Hause bringen. Sie ist aber nicht mehr in die Tanzstunde gekommen.
Der Ratgeber hat die Reitl-Rosi nach Hause gebracht und gleich am ersten Abend gefragt, ob sie mit ihm den Schlussball macht. Sie hat ja gesagt, weil man keinen Korb geben darf.

Meine Eltern kauften mir ganz ohne Anlass eine enge schwarze Hose und ein kleinkariertes Jackett. Ich glaube, es war doch gut, dass sie am ersten Abend mal gucken kamen.

Bei der nächsten Tanzstunde schaute die Rosi immer zu mir her. Manchmal tanzten wir auch zufällig miteinander. Wir redeten aber nichts, denn ich musste furchtbar aufpassen wegen des Wechselschrittes.
In der vierten Stunde hatte ich immer noch keine Dame zum Schlussball aufgefordert. Der Meisel übrigens auch nicht – der aber nur, weil er sich nicht traute.
Da kam der Ratgeber in der Pause aufgeregt an und rief, die Reitl-Rosi habe ihm einen Korb gegeben und ihn wieder vom Schlussball ausgeladen. Das sei eine schwere Beleidigung und sie verdiene, dass sie jetzt sitzen bleibe, und niemand dürfe sie auffordern.
Kurz vor dem Schlussball hat der Tanzlehrer Georg gefragt, wer noch keinen Partner hat.
Es waren die Reitl-Rosi, weil wir alle gute Kameraden waren und – der Meisel, weil er sich nicht traute.
Da hat sie der Georg verkuppelt und beide hatten einen roten Kopf wie die Miller-Susi.

Ich hatte eine Stinkwut. Weil der Meisel so feige ist, kriegte er das schönste Mädchen. Der mit seinem altmodischen blauen Anzug.

Aus Rolf Kamradek, *Die Sau im Kirschbaum, Theiß Verlag*

DER BÜCHERWURM

Es bohrte sich ein Bücherwurm
empor durch einen Bücherturm,
erhoffte sich für seinen Fleiß
oben einen Nóbelpreis.
Doch hat er sich total verbohrt,
im Bücherturm, den er verrohrt.
So blieb er in den eignen Gängen
ganz ohne Anerkennung hängen.

E = MC QUADRAT

Wenn du grad in Australien bist
und ich vielleicht am Rhein,
dann greife ich zu einer List,
um bei dir zu sein.
Ich lass in Lichtgeschwindigkeit
und ohne Rücksicht auf die Zeit
die Welt sich konzentrieren,
bis sie geschrumpft und klein erscheint
und wir in einem Punkt vereint
mit ihr explodieren.

KLEINES GESCHENK

Meine Zecke,
liebe Zicke,
schenke ich dir zu dem Zwecke,
dass sie dich am Hintern zwicke
und zusammen mit dem Blut
dir dein Gift absaugen tut.
Ach, das tät uns dreien gut!

FRÜHLINGSGEFÜHLE

Ich weiß nicht, was ist.
Ich habe so viele
Frühlingsgefühle.
Allein im Mai
waren es drei!

Ich kann fliegen
und unter mir wiegen
sich Felder aus Raps
und ich tauche ins Gelb
und schwimme mit ausgebreiteten Armen.

Um die anderen beiden
Frühlingsgefühle
könnt ihr mich beneiden.
Die – waren nicht so bescheiden.

MEINE KLEINE, WEIßE WOLKE

Meine kleine, weiße Wolke,
komm und schmücke mein Gedicht!
Ach – auf Dich reimt sich nur Molke
und das geht nun wirklich nicht.
So bleibt denn alles, wie es ist,
weil Du – unvergleichlich bist.

Dumm gelaufen – Limericks

Ein Jäger, er stammt aus Malente,
wollt' schießen mal eine Ente.
Er kroch durch das Gras
und traf auch was –
der Nachbar bezieht jetzt 'ne Rente.

Zwei ältere Herren aus Emden
vergnügten sich einst mit zwei fremden
Damen auf Sylt
ganz unverhüllt.
Jetzt stehen sie da ohne Hemden.

Ein drahtiger Lehrer aus Bonn
läuft ewig schon Stadtmarathon.
Aus seinem Verein
holt keiner ihn ein.
Die Frau nur, die lief ihm davon.

Es wollte ein Jäger aus Hagen
zu gerne mal Eisbären jagen.
Er hatte auch Glück
und fand gleich zwei Stück.
Nun liegt er den Bären im Magen.

Ein Australier wurde ganz krank,
da ein Weitwurf ihm immer misslang.
Das saublöde Stück
kam ständig zurück.
Es war halt ein Holzbumerang.

Ein Dichter in Alt-Papenbrück
schreibt Limericks, täglich drei Stück.
Im Familienkreis,
da fand man sie heiß,
der blöde Verlag nur, der schickt sie zurück.

Es starb einst in West-Singapur
ein Limerick wegen Zensur.
Man beschnitt ihm das Wort,
nahm den Reim auch noch fort,
just bevor man die Pointe erfuhr.

Es lebte ein Kaufmann in Wörth,
dem hat ein Mercedes gehört.
Um mal zu gehen,
ließ er ihn stehen,
weshalb der in Polen jetzt fährt.

DIE ZUCKERRÜBE

Ach, was ist der Tag so trübe!
Außer einer Zuckerrübe,
die von einem Laster fliegt,
platzt und auf der Straße liegt,
will, ich kann mich noch so drehen,
heute einfach nichts geschehen.
Ach, was ist der Tag so trübe,
außer, halt – der Zuckerrübe.

REICH-RANICKI UND MEINE BLUMEN

Reich-Ranicki sagte bei seinem Vortrag „*Lyrik wozu*":
„Wenn Goethe im Walde so für sich hingeht, um eine Blume zu
pflücken, so hat er doch nichts anderes im Sinn als die Entjung-
ferung der Christiane Vulpius.
Merken Sie sich, meine Damen und Herren: *Immer, wenn ein
Dichter eine Blume pflückt...*"

Auf dem Nachhauseweg machte ich mir so meine Gedanken:

Ich wollte eine Blume pflücken
und damit mein Zimmer schmücken.
Allein, ich hab mich nicht getraut,
weil – Reich-Ranicki mich durchschaut.

Franz Kratochwil

LICHTSPLITTER
…ein Haiku kommt selten allein

Papiertheater –
der dicke Falstaff
federleicht

Faustprobe –
der alte Mime
wird zum Pfau

Der Vorhang fällt.
Die Mimen an den Schnüren
sind leicht verwirrt

Generalprobe –
das Schweigen danach
sagt alles

In der Loge –
sanft stupst sie ihn
‚Nessundorma'

Morgenidylle –
die Lerche singt,
Romeo pennt

Nächtliches Wien –
Philosophen unter sich
beim Würstelstand

Morgenkühle –
vor dem Café
ein letzter Tango

Im Nachtcafé –
paar Groschen für die Jukebox
und Elvis lebt

Chorprobe –
in der Pause singt
ein Teekessel

Auf meinem Schreibtisch –
unter Bergen von Papier
ein Haiku

Frostnacht –
der Hund kommt mit
in den Schlafsack

Winterreise –
des Sängers Fluch
im Stau

Im Dom –
zwischen Bach und Brahms
ein Nonnenfürzchen

Alles Walzer –
einige Herren kriegen
Fracksausen

Silvestereinkauf –
Sekt und Lachs
und Ohropax

Marillenblüte –
die Ernte vom letzten Jahr
noch in der Flasche

Erfolgreich gefeilscht
um meine Kindheitshelden
Sigurd und Tibor

Herbert Kummetz

Dem Wolf eins in die Fresse. Machen sie dann doch nicht.
Stattdessen greift der Große den schmächtigen Jungen am Kragen, kippt ihm was in den Rücken, stinkt nach Pisse. Sein Hosenboden wird feucht. Die beiden Mädchen, die dem Breitschultrigen an der Bomberjacke kleben, feixen breit. Wolf gibt keinen Laut, schnappt seine Schultasche, stürzt aus dem Bushäuschen hinaus, er zieht eine Kleckerspur. Das Trio johlt.

Wolf rennt im Hasenzickzack, nimmt als Ziel ein Transformatorhäuschen weit vorne, lehnt sich endlich ans graue Metall, sackt zu Boden. Vom Rennen, geht es ihm durch den Kopf, das kommt vom Rennen, sagt seine Mutter jedes Mal, wenn er erzählt, wie sein Herz verrückt spielt, und sie will ja alles von ihm wissen. Übel wird ihm. Die Augen fallen ihm zu. Nach einer Weile räkelt er sich, blinzelt. Augenblicklich gefriert sein Körper zur Straßenpantomime: Ein Mädchen hockt bei ihm.

Es ist Marlen. Ihr grüner Haarreif! Wenn ihn die Wortführer der Jungs in der Stunde erbeutet haben, sind sie ganz wild aufs Pfänderspiel in der Pause. Wolf denkt an seine nasse Hose, möchte direkt durch den Erdball fallen, am besten bis Neuseeland. Er zuckt zusammen, als sie ihm die Hand auf die Schulter legen will. Sie lässt ab von ihm, flüstert: Die sind gemein! Er strafft seine Kiefer, zieht seine Pobacken zusammen, spürt seine Hoden, die sich heben, er streckt sich wie ein Pfeil, alles spannt sich in ihm, er ist zur Flucht bereit. Marlen sitzt ihm im Weg. Seine Augenlider flattern, er schnappt nach Luft.

Willst du meinen Haarreif? Sie streckt ihren Kopf vor wie eine Schwänin. Wolf bleibt stumm. Er kaut auf seinen Lippen. Marlen rückt neben ihn. Wolf? Stille. Kannst mich einfach anfassen, nur so. Er guckt ihr in die Augen, graublau – doch, das sieht er noch – dann blickt er rasch über sie hinweg. Entkrampft sich, die eine Hand zuerst. Wolf rangiert sie vorsichtig über die Schwelle seiner Jeansnaht, dann über die Schwelle der anderen Jeansnaht. Ruht dort.

Denkt jetzt an Zuhause. Er würde sich nachher sofort umziehen, bevor die Mutter von der Arbeit käme. Ganz hinten im Keller würde er hinter seine elektrische Eisenbahn kriechen, dort herumbasteln, dann müsste sie ihn rufen, viele Male. Und heute würde er seinen Kopf nicht in ihren Schoß drücken lassen, wenn er aus der Schule erzählte. Heute nicht. Niemals mehr.

Wolf? Marlens Stimme lockt ihn. Seine Hand gleitet ab von ihrem Oberschenkel. Sie führt sie unter ihren Pullover. Dünne Wäsche trägt sie, nichts Geripptes wie er. Seine Finger tasten die fremde Haut hinauf, wissen nicht wohin. Wolf, sag mal was! Er hat aber keine Wörter. Macht eine Faust, reißt seinen Arm zu sich. Mit Wucht stößt er den Ellenbogen in ihre Rippen, sie heult auf. Wolf packt seine Tasche, aus dem Stand jagt er die Straße hinauf.

Wolf ist schon weit oben. Auf dem alten Deichweg, das ist er, sein Gerenne kennt die ganze Schule. Marlen tut es weh, wenn sie atmet, aber wohl nichts angeknackt. Behutsam versucht sie, den dumpfen Schmerz zu ertasten. Dann wischt sie mit beiden Handrücken über ihre Augen, wuschelt das Haar zurecht, steckt sorgsam den Reif an seinen Platz, zuletzt zieht sie den Pullover gerade.

Schon vor der ersten Stunde weiß der halbe Schulhof anderntags, welchen Spaß es an der Bushaltestelle gegeben hat. Vom Transformatorhäuschen nichts. Wolf fehlt an diesem Morgen. – Marlen trägt keinen Reif.

Das fällt nicht auf, denn in dieser Pause hängt eine Traube aus schwarz-blauen Jungs-Jacken um ein Smartphone. Auf dem Display zuckelt eine Partyszene, zwei legen sich aufeinander. In einer Endlosschleife immer wieder die gleichen Bilder. Sie wiehern vor Schaulust, rücken ihre Jeans zurecht. Und denken nun doch an Marlen. Man spielt sich Vermutungen zu, wer von ihnen sich als endgültiger Besitzer des Haarreifs brüsten könne. In der Klasse wird sie deswegen im Vorbeigehen angefrotzelt. Sie zischelt zurück.

Sie spürt einen Kloß im Hals, als die Klassenlehrerin nach Wolf fragt. Nein, niemand hat eine Ahnung, warum er fehlt. Was manche vom Bushäuschen wissen, gehört nicht hierher. Sie wollen so etwas nicht diskutieren wie neulich im Ethikunterricht. Einer hatte sich verplappert und erzählte, wie er vor kurzem in der Halfpipe dumm angelabert worden war. Respekt war das Stundenthema. So was sollten sie unter sich abmachen, hatte der in der Bomberjacke später auf dem Flur gewarnt.

Nachmittags ist Marlen beschäftigt. Sie probiert ihren Haarschmuck durch. Den grünen Haarreif hatte sie gestern sofort im Karton mit den alten Puppen und Briefen verschwinden lassen. Der rote mit dem Sternenmuster, nein, zu kindlich. Gelb ist nicht ihre Farbe, schwarz gefällt ihr, doch zu traurig. Ein blauer Haarreif liegt noch in der Schublade, Geschenk einer Freundin, die sie nicht mehr mag. Vielleicht der regenbogenfarbene? Still schimpft sie auf ihr Dunkelblond, Straßenköterfarbe. Haarreife machen sie einmalig, hat sie entschieden, keine sonst in der Klasse trägt sie. Strähnen bekäme sie bei ihrer Mutter nicht durch. Aber jetzt stellt sie sich neue Frisuren vor, deutet Formen vor dem Spiegel an, landet schließlich bei einem unauffälligen Gummiband im Nacken, das die Haare nach hinten strafft. So sieht ihr Gesicht entschlossener aus, findet sie. Das gefällt ihr.

Am nächsten Tag steckt Marlen eng mit ein paar Freundinnen zusammen, nichts mit Jungs. Nicht ganz: Wolf wurde krankgemeldet, irgendwas mit dem Herzen, berichtet die Klassenlehrerin, und dass alles davon käme, weil er zu viel renne, so habe die Mutter am Telefon gesagt. Die meisten grinsen. Marlen nicht.

In der Pause fragt sie im Schulbüro nach der Handyliste ihrer Klasse. „Datenschutz", wehrt die Sekretärin ab. Ach so, sie wolle nur ihre Nummer überprüfen, dann ja. Sie überfliegt die Liste, nickt, bedankt sich. Draußen schreibt sie Wolfs Nummer säuberlich mit dem Kugelschreiber in die Handfläche.

Langweiliger Liebhaber, dieser Werther, kommt nicht zur Sache, immer bloß, wie er sich fühlt. In der Klassenarbeit klingt seine Meinung ein wenig gewählter.

Am Tag nach der Klausur passiert es zum ersten Mal. Er trabt zum Schulbus am Strandhof vorbei. Der Weg windet sich längs des alten Stallgebäudes, im Fenster stehen Barbiepuppen, staubüberzogen, aufgereiht zur Mädchengymnastik.

An diesem Morgen ist er den Puppen nicht gleichgültig. Schmelzende Blicke feuern sie durch die kühlen Scheiben. Er schlägt die Augen nieder. Am nächsten Tag dasselbe. Er tut es als Fantasie ab. Seine Sorgen beginnen, als es auch am dritten Tag weitergeht. Er meint zu spüren, wie sie ihre Hälse verrenken, um ihn mit den Augen zu verfolgen, ihre Blicke brennen auf der Haut.

Sein Kopf behauptet, dass es ganz gewöhnliche Barbies sind, die sich in den Fensternischen langweilen. Man spricht darüber, dass der Stall schon so lange leer stehe, das Reetdach rotte vor sich hin. Die Puppen stammen aus einer anderen Zeit, vielleicht sieben, acht Jahre zurück. Als das Vieh noch da war und die Mädchen des Hofes zum moorigen Strand hinuntergesprungen kamen, um dort zu spielen.

Aus weiter Ferne sieht er eine blassrosa Schleife, die musste zu der Kleinen vom Strandhof gehören, mit der er einmal Knie an Knie in einer Kutsche zu sitzen kam, damals im Karussell. Dabei hatte er doch keine Lust auf Kutsche gehabt, das war etwas für Mädchen, aber man hatte sie einfach zusammengestopft. Warm war ihr Körper, ein Wiesenblumenduft umwehte sie.

Am Montag der neuen Woche tun es die Barbies nicht bloß mit den Augen. Sie gickeln, wenn er kommt. Er schwört, solche Stimmchen schon einmal gehört zu haben, damals nach jener Kutschpartie, als die kleine Schwester des Karussellmädchens herbeihopste, fortwährend „Lotta, Lotta" juchzend, während die größere auf sie einzwitscherte wie ein befreites Vögelein.

Der Dienstag zieht auf. Im Stallfenster hotten sie jetzt in einem frechen Rhythmus. Mit Bewegungen, die ihm die Röte ins Gesicht treiben. Er hatte es kommen sehen. Er flieht vorbei. Im Bus malt er sich die Biegungen ihrer Puppenkörper aus. Am Mittwoch überfallen ihn frühmorgens Bilder einer Kutschpartie. Er kann in diesem Zustand nicht in die Schule. Nach dem Abendbrot geht er nochmals mit dem Hund hinaus, der Gang dauert länger als üblich. Morgen würde er sich dem Ergebnis der Klausur stellen müssen.

In der Nacht zum Donnerstag wird die Feuerwehr zu einem Schwelbrand im alten Strandhof gerufen. Dem ersten Löschtrupp knallen Scherben um die Ohren, es hagelt Rümpfe, Köpfe und Glieder von Plastikpuppen. Im Dachstuhl heult es auf.

Morgens um sieben geht die Sonne auf und abends um sieben geht sie unter. Moya lebt mit ihren Eltern am Fuße der stein-nackten Hügelkette, dort, wo die Frauen und die Männer mit der tiefen Hacke auf die Maisfelder ziehen. Alle bangen und beten um die goldgelben Körner, Nahrung für ein ganzes Jahr. Sie wohnen in einer Lehmhütte. Moya ist der Augenstern ihrer Eltern, weitere Kinder wurden ihnen nicht geboren.

Schon früh weiß Moya, dass es ein Geheimnis geben muss in der Hütte. Denn im Vorratsraum steht ein seltsamer Korb. Er ist wie die anderen Körbe aus den breiten, harten Grashalmen geflochten, die man in der Flussniederung dafür schneidet. Über ihn ist ein Deckel gestülpt, der an beiden Seiten mit ge-bogenen Holzpflöckchen vom Akazienbaum befestigt wird. Die Mutter muss ihn aus dem Land am Fluss mitgebracht ha-ben, woher sie stammt. Die rundum laufenden roten Zierstrei-fen, gewunden wie Antilopengehörn, kennt man im Dorf nicht.

Niemals holt die Mutter etwas aus diesem Korb heraus, so scheint es ihr. Niemals legt sie etwas hinein. Dennoch sind die Akazienpflöckchen über die Jahre glänzend und blank geblie-ben – genauso wie bei dem Korb, in dem das tägliche Salz und die Gewürze aufbewahrt werden. Das fällt Moya erst später auf, als sie so recht kein Kind mehr ist.

Eines Tages nimmt die Mutter sie beiseite und sagt, nun müss-ten sie über den Korb reden. Doch sie erklärt nichts, sondern erzählt, dass sie den Korb schon von ihrer Mutter habe und die erbte ihn von der Urahnin, die ihn jedoch auch nur übernom-men habe. Irgendwann einmal habe eine ganz entfernte Ahn-frau den Korb von Munu bekommen, dem großen Gott der Menschen und Rinder am Fluss. Dann sagt die Mutter zu Moya: „Meine Tochter, wenn du dich stark genug fühlst, sollst du in den Korb schauen!"

Als die Mutter einmal zum Brennholzsammeln weit fort ist, der Vater hat seinen Markttag, schlüpft sie in die fensterlose Vorratskammer und holt den Korb an die Türöffnung der Hütte. Behutsam zieht sie die Pflöckchen heraus, hebt den Deckel ab. Nichts. Sie verschließt ihn wieder.

129

Ein spöttisches Lächeln umspielt ihre Mundwinkel, als sie später der Mutter hilft, die Holzbündel vom Kopf zu heben.

Die Mutter ahnt, dass etwas geschehen ist: „Der Korb!" – „Du hast es selbst erlaubt! Außerdem ist er leer!" Schon steht die Mutter in der Vorratskammer, ergreift den Korb und geht fort in Richtung Sonnenuntergang. Es ist dunkel, als sie zurückkehrt. Moya nimmt sich vor, nie mehr an den Korb zu denken. Aber als der Mond durch alle seine Häuser gewandert ist, erwacht in Moya wieder die Lust zum Korb.

Als ein Tag günstig scheint, schleicht sich Moya abermals in die Vorratskammer. Sie löst die Holzpflöckchen, hebt den Deckel, blickt hinein, ihre Augen sehen so wenig wie beim ersten Mal. Flink schafft sie den Korb an seinen Platz. Sie weint Tränen, die lange nicht trocknen wollen. Als die Mutter zurück ist, sieht sie in die feuchten Augen Moyas. Sie sagt: „Du warst am Korb!" – „Es ist wirklich nichts drin!" Und als Moya noch so redet, ist die Mutter in der Vorratskammer, ergreift den Korb und verschwindet in Richtung Sonnenuntergang. Erst als es dunkel wird, betritt sie die Hütte.

Moya nimmt sich noch fester vor, den Korb zu vergessen. Je mehr sie es versucht, desto öfter läuft er durch ihre Gedanken. Als abermals ein Jahr herum ist, kann sie es nicht mehr aushalten. Sie macht es wie die beiden Male zuvor. Als sie jedoch diesmal in den Korb blickt, wird ihr ganz anders zu Mute. Sie lacht nicht mit ihrem Mund und weint nicht mit ihren Augen – es ist etwas anderes. Sachte schließt sie den Korb, stellt ihn zurück in die Vorratskammer. Als die Mutter zu hören ist, läuft sie ihr entgegen und umarmt sie.

Er war nicht ihr Erster. Jedoch der Erste, der bei ihr tot auf dem Sofa lag. „Mein Verlobter", so hatte sie ihn bei ihren Eltern eingeführt, das war ironisch gemeint, doch die merkten es nicht oder wollten es nicht merken. Vier Jahre war das her. Sie hing an ihm. Sie hätte ihn gern schwören lassen, dass er sie nie verließe.

Damals beim Lauftreff waren sie miteinander warmgeworden. Laufen blieb auch das letzte Gemeinsame. Das musste sie freilich teilen mit der neuen Trainerin, die hatte eine Tempo-Gruppe angeboten. Er war sofort dabei und vorneweg. Dann konnte er nicht mehr, Schwindelgefühl, Stiche im Leib, beinahe eine Ohnmacht. Besser, sie fuhren vorzeitig nach Hause, ihr war es recht, so konnte sie noch einmal ins Büro. Er legte sich hin.

Sollte nicht wieder aufstehen. Der Notarzt horchte auf ein stilles Herz, weder Atmung noch Puls, lichtstarre Pupillen, die Haut hinten bereits ein bisschen lilafleckig; also keine Klinik mehr. Er griff nach der dicken Kissenrolle auf der Sofalehne und schob sie unter den Kopf, bat um ein Handtuch, faltete es fest zusammen und stützte damit das Kinn vor dem Herunterfallen, schließlich deckte er den Körper vorsichtig zu.

Er fand die passenden Worte für sie und füllte den Totenschein aus. Sie schaute mit geweiteten Augen. Eine Kerze, dachte sie, jetzt muss eine Kerze her. Schließlich tat es ein rotes Adventslicht vom letzten Jahr, oben zwei Finger breit heruntergebrannt, unten war die Farbe aufgesprungen. Vorsichtig entzündete sie den Docht, tropfte ein paar Flecken Wachs auf eine Untertasse und drückte mit ihren kräftigen Händen die Kerze in die weiche Masse.

Entschlossen öffnete sie den Schreibschrank und holte das einzige Fotobuch heraus, das er angelegt hatte. Ein Reisetagebuch. Im letzten Jahr hatten sie kaum Geld, sie waren an die See gefahren mit einem gemieteten Wohnmobil.

Jeder hatte sich im Stillen ein wenig geschämt für so einen schlichten Urlaub, von dem es nichts zu erzählen geben würde, noch nicht einmal einen ordentlichen Sandstrand findet man dort.

Aber einen Himmel wie auf den Ansichtskarten am Kiosk, auf ihm schweben Wolken, denen sie Tiernamen geben. Und dann gesteht er eines Morgens, dass er gerne einen Papierdrachen bauen würde, wenn sie einmal Kinder hätten. Zwischen Mohnbrötchen und Himbeergelee passiert das und es klingt ihr wie ein Heiratsantrag.

Viele Tage laufen sie ins Watt hinein, beim ersten Mal in Stiefeln, die sich festsaugen im Schlick, sie kämpfen mit Schweißperlen auf der Stirn gegen den Untergang, werden zu einem zünftigen Schlammbad begnadigt, in dem sie sich innigst umarmen. Die Folge ist eine knackige Kruste, „wie bei Max und Moritz aus dem Bäckertrog", lacht er; auf dem Heimweg plaudern sie über alle Streiche der beiden.

Es gibt Fotos von Schafen ganz nah und von Schiffen in der Ferne, man sieht Sandrippel am Priel und eine Lachmöwe auf einem Bein stehen und dann natürlich die vielen Bilder von ihr. Sie lächelt sich zu, als sie die Seite aufblättert, die sie unbekleidet zeigt, aufgestellt wie eine Schaufensterpuppe. Von ihm hatte sie auch so einen Schnappschuss gemacht, der war nicht mit hineingekommen.

Sie findet auch den Leuchtturm – an einem glasigen Spätnachmittag lassen sie sich an seinem Sockel nieder, verzehren das einzige mitgebrachte Fischbrötchen gleichzeitig von beiden Seiten und trinken aus einem gemeinsamen Becher Rotbuschtee, den die Thermoskanne warmgehalten hat, küssen sich zum Abschluss länger als sonst in der Öffentlichkeit. Die Öffentlichkeit besteht aus zwei Fahrradtouristinnen, die hinter den Heckenrosen in ihren Packtaschen wühlen. Schließlich doch noch eine Aufnahme von ihm, er strahlend neben der offenherzigen Seeräuberbraut vor dem Fischlokal.

Sie legte das Buch weg, presste die Handflächen aufs Gesicht. Sie stand auf, fixierte einen fernen Punkt, atmete mit dem Bauch, um sich zu beruhigen. Was ihr nicht gelang. Die Bilder begannen, in ihr zu jagen. Ein Stummfilm, nur überall schrie es: „Warum hast du mir das angetan?" Drei, vier Atemzüge zögerte sie, dann trat sie ans Sofa. Sie hob ihre Hand und schlug ihm ins Gesicht. Es klatschte teigig und die Finger hinterließen Striemen auf der Haut; der Unterkiefer klappte weg, ein schmatzendes Geräusch kam aus seinem Kehlkopf.

Einen Moment noch horchte sie mit geschlossenen Augen, dann blies sie die Kerze aus, zog sich an und ging nach unten auf die Straße. Auf dem Bürgersteig zuckte es in ihren Knien und sie begann zu hüpfen von Steinplatte zu Steinplatte und auf einmal sagte sich in ihr ein Vers auf aus der Kinderzeit: „Seht, da ist die Witwe Bolte, die das auch nicht gerne wollte." Immer wieder und immer wieder.

DER MOND HING SCHIEF

Geburtstagsfoto: Hier sieht man Tante Maren,
nach ihrer Erdbeerbowle wurden alle heiter.
Ich wollte gern ins Heu, es fand sich eine Leiter
und mein Cousin mit dunklen, lock'gen Haaren.

Erzählten uns von Katz und Hund, von Pferd und Reiter.
Wir mimten wilde Jagd, die Mäuse floh'n in Scharen,
wir guckten Mond und wussten, dass dort Menschen waren.
Dann meinte ich, nach unten klettern sei gescheiter.

Wir waren ohnedies mit dem Latein am Ende,
noch fremd, was zwei allein so miteinander treiben,
erlauschten davon manchmal was mit heißen Ohren.

Spätabends hieß es gehn, wir gaben uns die Hände,
versprachen, aus dem Urlaub einen Gruß zu schreiben.
Der Mond hing jetzt ganz schief, das hätte ich geschworen.

DER BAHNDAMM

Der Bahndamm
Schon in Flammen
mit Terpentin
war's diesmal
so einfach gewesen.
Unsre Gummistiefel
riechen nach Abenteuer
Schwarz fahren
wir nach Hause.

ONKEL HEINZ TANZTE NIE

Onkel Heinz tanzte nie
Tiefer in der Hochzeitstruhe
Tante Mienchens Liebesmarken:
Puddingfarben lacht ein Putto,
silbertönende Trompeten,
handgeküsst die art'ge Braut.
Das fliederfarbene Tanzbillett
aus dem Ballhaus Wilhelm Pohl
für achtzig Reichspfennige
ist säuberlich beschriftet:
„Komm, mein Liebchen",
so viel Sütterlin kann auch ich.
Onkel Heinz tanzte nie.

Ingo Laabs

DIDO

Als sie der schwarzen Wolken Bersten, Brechen
und Donner, Blitz in seine Arme treibt,
ringt sie ein Wort ihm ab, ein treu Versprechen,
dass er sie freit, für immer bei ihr bleibt.

Und sinkt an seine Brust und will verweilen,
da fasst gar wilde Angst das Herze ihr;
die Traumgesichte, die sie nun ereilen,
die nehmen ihr den letzten Odem schier.

Sie sieht sich starr auf dunklem Turme stehen
und Schiffe fahren auf das Meer hinaus;
mit ihnen fährt ihr Sinn und muss vergehen,
muss lassen Regiment und Königshaus.

„Du bleibst bei *mir*!" – Sie weint's in seinen Armen
und küsst die Lippen ihm mit eis'gem Mund
und weiß, die Götter kennen kein Erbarmen:
Sie selber sinkt, und Rom erwächst zur Stund.

ORPHEUS UND EURYDIKE

Er hielt sie klagend lang in seinen Armen
und sang und sang nur stets den lieben Namen,
so schuf er Götter, ganze Weltenreiche,
dass die Geliebte nicht dem Leben weiche.

Und tief in die Gewölbe seiner Töne,
den Tartaros – welch schauriges Gestöhne –
stieg er hinab und sah auf dunklem Throne
den grimmen Totengott mit bleicher Krone.

Da ließ er sehnend seiner Brust entquellen
ein silbern Lied, durch finstre Hallen schwellen;
es schien den kalten Hades selbst zu rühren,
die liebe Tote ihm zurückzuführen.

So schritt der Sänger lichten Augs ins Helle,
erlangte froh des Erdenreiches Schwelle
und wandte sich, sein Seelenbild zu binden,
da sah er's fahl in Traum und Nacht entschwinden.

IM GARTEN DER OMPHALE

Es war, als ob ein Zauber ihn befiele,
da er ihr samten lichtes Bild gewahrte,
und lächelnd trat sie hin zu ihm, die Zarte,
umfing ihn in der dunklen Abendkühle.

Da ward der stille Garten zum Gemache,
das von verschwieg'nen Zweigen sanft umschlossen,
worin erblühte nun, dem Traum entsprossen,
der Liebe eigne, wundervolle Sprache.

Der Held, der er sein Leben lang gewesen,
der schwand dahin und ward nicht mehr gefunden;
von weichen Armen sah er sich gebunden
und wollte seine Bande nimmer lösen.

Wie wuchs sie da zur Herrin! Den Befehlen
vermochte er sich nicht zu widersetzen,
versank in eitel Wollust und Ergötzen,
war nie bedacht, die Schwäche zu verhehlen.

In Frauenkleidern fiel er ihr zu Füßen,
ließ sich sein Löwenfell, die Keule pfänden,
spann Wolle gar mit ungeschickten Händen
und glaubte seine Knechtschaft zu genießen.

O NACHT DER MONDE

O Nacht der Monde
Sterne und Planeten

kalter Weltenraum

als Gottheit aus Azur
erscheinst du schemenhaft
vor meinem innern Blick

ein Weib ein Mann
mit hundert Augen
Schlangenarmen

schöpfst mein Antlitz

füllst es ein
in deine Sphärenschale

wallend schwillt der Klang

ein Urwort
aus dem allerfüllten Munde

in die Welt

KIRÍN, DU BLAUER SEE
Ein Klagelied im Schlachtenwinter

Wie lagst du einst so spiegelblank,
so silbern, blau und still.
Voll Andacht schöpft' ich einen Trank,
eh ich im Grase niedersank,
befangen vom Idyll.

Da füllte sich die Seele mein
mit sanftem, ruhigem Klang:
Der Wasserspiegel, klar und rein,
der schenkte tiefen Frieden ein,
die Zeit ward mir nicht lang.

Ich weilte wohl so manche Stund
am Ufer dein und sann. –
Doch letztlich, da zerbrach der Bund,
mit weltendurstig dürrem Mund
fuhr auf ich und entrann.

Ach, dass, Kirín, ich dich verließ,
dass trieb es mich hinfort
und ich die ird'schen Freuden pries,
in eitlem Wahn mich selbst verstieß
von dir, vom heil'gen Ort!

Dass zog ich in die grimme Schlacht
für Königtum und Reich,
mich diente an der finstern Macht,
die stets nur Not und Leid gebracht,
zu allen Zeiten gleich!

Nun halte ich bei Eis und Schnee
die Wacht am Feuersbrand,
mit blankem Schwert, im Herzen Weh,
und denke dein, du blauer See,
den einstmals ich verkannt.

DIE KÖNIGIN DES WALDES

In des Abends purem, rotem Schweigen
ruhen blaue Schatten unter Bäumen,
scheinen zwischen Wurzeln, unter Zweigen
alte, graue Felsen tief zu träumen.

Hier und da erglimmt in späten Strahlen
rauchgetönt ein Quarz auf karst'ger Halde,
hehre Alabastertürme malen
gleißend sich empor aus dunklem Walde.

Heimlich führt ein Weg durch diese Stille,
weht bereits ein Hauch vom See, dem klaren,
weist, ergreift – ein unsichtbarer Wille –,
mancher, den er hintrug, hat's erfahren.

Ja, es hat bewahrt Kirín der Blaue
seine reine Macht aus alten Zeiten.
Weiland war's des Waldes Hohe Fraue,
die man sah zum Ufersaume schreiten.

Und sie brachte ihren reichen Segen
Menschen, Tieren, Pflanzen und auch Steinen,
kam auf lichten, unerkannten Wegen,
Seelen zu erheben, zu vereinen.

Heilerin mit leuchtendem Kristalle,
die du nahmst die Schmerzen, stilltest Wunden,
hehre Flamme, Hoffnungsschein für alle,
hin, ach, ferne hin bist du entschwunden!

Von dem Alabasterturm, dem hohen,
wo des heil'gen Kirschbaums dunkle Früchte
noch in goldnem Abendlichte lohen,
kamen damals Träumenden Gesichte.

Dort hast du gestanden und gewunken,
schemenhaft umgeben von Gestalten,
Lebewohl aus blauem Kelch getrunken,
ehe weiße Nebel dich umwallten.

Und den Tieren, Pflanzen, Mineralen
war's vergönnt, für kurze Zeit zu sprechen:
Sacht herab vom Turme sank ein Strahlen,
ließ den Wald sein trautes Schweigen brechen.

Eingekehrt ist längst die Stille wieder,
doch es möge deiner stets gedenken
diese Welt, in die du kamst hernieder,
Liebe tragen, Liebe weiterschenken.

ZWERGENHOCHZEIT

Die Tempelgrotte ist bereit:
In sanftes Dämmerlicht getaucht
verharrt der Raum in Heiligkeit
und edler Harze Duft durchraucht
die weihevolle Stille.

In Nischen loht kristallne Glut,
Smaragde flammen und man sieht,
dass überall ein Lächeln ruht –
die Zwerge fühlen's: Hier geschieht
des Hocherhabnen Wille.

Der Gott, der sie im Fels erschuf,
hat zwei einander zugedacht;
aus Tiefen drang des Herzens Ruf:
Die große Liebe, die entfacht,
soll nimmermehr vergehen!

So wird nun unter Harfenklang
das traute Paar hereingeführt;
sie schreiten durch den Mittelgang
und vorm Altar, wie sich's gebührt,
da bleiben beide stehen.

Der Bräutigam, nach Väter Art,
trägt schwarzen Rock und Silbergurt;
die holde Braut mit Damenbart,
im engen Mieder festgezurrt,
hält sittsam ihren Fächer.

Das Ritual erfordert Met,
und alle warten angespannt,
dass nun der Segensspruch ergeht,
dem Paare aus des Priesters Hand
geboten wird der Becher.

Dem heil'gen Wasser zugetan,
hat dieser sich schon gut bezecht
und füllt denselben mit Elan,
doch alles Weitre kommt zurecht,
auch wenn er etwas leiert:

„Zu trauen heut in solcher Rund
ein Zwergenpaar, ist mir Genuss.
Gesegnet sei der Ehebund –
nun trinket, gebt euch einen Kuss,
und danach wird gefeiert!"

ABENDLICHER DICHTERKREIS

Der Garten ist im Dämmerlichte still geworden,
aus fernem Lohen ragt Gebirg in schwarzer Fülle –
ragt eine Burg, wo ehmals mächt'ger Fürsten Wille
quillt träumend nun herab – die Bilder überborden.

Aus kühlem Glase trinket Feuerglast und Glimmen!
Doch – teure Freunde, wartet! – lasst die Seele lauschen!
Hört ihr's um Marmorbüsten, um die Buchen rauschen?
Es murmelt leise, sacht, mit edler Maiden Stimmen.

O Musen, wollet nun der Schatten euch entheben,
aus schierem Steingebild erstehn als Lichtgestalten,
lasst strahlend Geister über unsre Sinne walten
und schenkt uns Ewigkeit bereits in diesem Leben!

Irmela Mukurarinda

MAYER PAULES LADEN

(aus dem Roman „Wendeschleife oder im Tal derer von Brühl", Notschriftenverlag Radebeul, 2. Auflage 2011)

Dieser Romanauszug spielt Mitte der 50er Jahre in einem sächsischen Dorf. Ulrike, Pfarrerstochter, reagiert auf ihre Art auf den schärfer werdenden politischen Wind in der DDR gegen die Kirche nach dem Aufstand von 1953.

Klein, mit verhutzelter Haut stand das Haus, der kleine Laden des Dorfes von Mayer Paules Schwester.

Ein niedriger Holzzaun, rührend in seiner Zwecklosigkeit, an den sich lila und gelbe Blumen lehnten, leuchtende Grüße über die Dorfstraße schickten.

Der winzige Vorgarten stand einladend offen. Mit wenigen Schritten war Ulrike an der Eingangstür. Das Schloss, viel zu wuchtig für das kleine Haus, gediegene Handwerksarbeit, für Kinderhände nur schwer zu betätigen. Beide Hände mussten herhalten, um dem Niederdrücken den richtigen Nachdruck zu geben. Keiner hätte es je gewagt, die Tür schmetternd ins Schloss fallen zu lassen. Das windschiefe Haus mit den kleinen Fenstern ließ so einen Gewaltakt nicht zu, Mayer Paules Schwester auch nicht.

Geranien standen im Sommer in braunen Töpfen an den Fenstern, üppig blühend, passten nicht zur Dürftigkeit des Hauses und zum Angebot im Laden.

Eine schmale Tür und der Weg war frei zu tausenderlei Gerüchen, nicht auseinanderzuhalten, vermischt, vermengt, undefinierbar, einfach wunderbar!

Sauerkraut, Schmierseife, Bohnerwachs, erdiger Kohl, Stink-
käse, wie Harzer Roller, dazwischen Zimt und Muskat, Kaffee
und Pfefferminz, so ein Geruch prägt sich ein, abrufbar wie ein
Erinnerungsbild.

Der Flur, klein wie alles in diesem Haus, ließ sich im Sommer
auf natürliche Weise erhellen. Mayer Paule ließ einfach die
Hintertür offen stehen. Es war ein nur kurzer Weg bis in das
verkrautete Gärtchen hinter dem Haus.

Auch die Tür nach links wurde nur abends geschlossen.

Einen Meter hinter der Türfüllung ein langes Brett auf zwei
Fässern. Von vielen Händen glatt gestrichen, hatte es in den
Jahren eine schwarzbraune Färbung angenommen.

Der Ladentisch.

Hinter dem Brett die kleine, krumm gezogene Frau, Mayer
Paules Schwester.

Der Bogen ihres Rückens war geeignet, dass sie ohne jede zu-
sätzliche Verbeugung oder Verrenkung aus dem Sauerkraut-
fass mit einer Holzgabel das tropfende Kraut ziehen konnte.

Diese Frau beherrschte den Raum! Sie hatte ihr eigenes Sys-
tem, sich im Durcheinander von Fässern, Schränken, Schubla-
den und offenen Säcken zurechtzufinden.

Lässt sie sich von ihrer Nase leiten, überlegte Ulrike, wenn sie
die kleine Frau eilig hin und her laufen sah.

Welche Wonne, hier unbeobachtet wühlen zu können!

Allein der Gedanke, Fach um Fach am Schrank zwischen den
Fenstern aufzuziehen und schräg nach unten zu klappen. Man
könnte mit hölzernen kleinen Schaufeln in den dunklen Grund

fahren, raten, ob beim Auftauchen Nüsse, Rosinen, Erbsen oder Linsen hervorkommen.

Gerüche und Geräusche blieben im Laden immer gleich. Das Schlurfen, die in romanhafter Breite vorgetragenen Neuigkeiten aus dem Dorf, bescheidene, auf das Notwendigste beschränkte Wünsche und schlicht das Angebot.

Sonderwünsche, Sonderangebote, diese Worte waren im sächsischen Land noch nicht erfunden.

Ulrike war in den Flur des Ladens getreten. Sie kam nicht weit. Vor ihr baute sich eine Mauer aus Rücken und Hinterteilen. Die breiten Gesäße der Bäuerinnen füllten den schmalen Flur bis zum Ladenbrett, dunkelblau die vorherrschende Farbe.

Am Rücken baumelten Schürzenbänder, eilig in Schleifen gebunden. Nie hätte Ulrike es gewagt, daran kurz, aber energisch zu zupfen und gleichzeitig behend beiseite zu schleichen, wie es Kalle, der Berliner, machte. Er beherrschte diese Kunst.

Endlich stand sie am dunklen Brett.

Mayer Paules Schwester griff zum Bonbonglas, rechts hinter Schnupftabak und Zigaretten. Giftrote, aneinandergeklebte Bonbons, geformt wie Himbeeren, füllten das Glas bis zur Hälfte.

Eine kleine Metallschaufel lag innen, um mit kräftigem Ruck drei oder vier der roten Zuckerfrüchte vom klebrigen Brocken zu lösen.

Doch Mayer Paules Schwester zog es vor, mit ihrer dürren kleinen Hand, die gerade eine saure Gurke aus dem Fass gefischt hatte, ins Glas zu fassen, sich mit dunkel umränderten Fingernägeln an die Bonbonmasse zu krallen, bis sich mit Hilfe des besonders gekrümmten Daumennagels drei Himbeeren lösten und auf das Brett kullerten.

Sorgfältig verschloss sie das Glas und stellte es ins Dunkel zurück. Sie zählte Ulrike langsam die Bonbons auf das Ladenbrett, mitten durch die nasse Straße, die die Saure-Gurkentüte von Oma Birnstengel hinterlassen hatte. Mit jedem Bonbon legte sie mehr Gunst in die Stimme.

Da lagen sie, drei rote Bröckchen auf braunem Brett. Teilchen von ihnen blinkten noch am Fingernagel von Mayer Paules Schwester. Und doch, es waren rot leuchtende süße Himbeerbonbons!

Die Tüte mit Puddingpulver, das Salzpäckchen, ein lilafarbener Rotkrautkopf und die braunen Schnürsenkel verschwanden in Ulrikes Tasche. Himbeerklebrige Finger wiesen auf die roten Kleckse.

„Lass es dir schmecken, Kind. Grüß die Mutter." Das pflichtschuldige „Danke" kam leise.

Die Wand der Leiber in Dunkelblau schob sich auseinander, bildete eine ihrer Gestalt angemessene kleine Gasse.

Genau gegenüber dem Altersheim war der mit Pappeln umsäumte Feuerwehrteich des Oberdorfes. Ulrike lehnte die Tasche an einen Pappelstamm und beschaute ihre Bonbons.

Da lagen sie nun im Rund der Hand, glitschig, schmutzig, aber verlockend süß. Die abgeblätterten Stellen malten das Bild dunkel schürfender Fingernägel von Mayer Paules Schwester.

Ulrike ging nahe an den Teich heran. Sie hatte schon einmal versucht, Bonbons abzuwaschen. Doch zum klebrigen Rot kam nur das Grün der Algen hinzu.

Ein Schatten wölbte sich über sie. Kalle stand breitbeinig und streckte fordernd die Hand aus.

„Die Kirchenjule, jönnst wohl nem armen Berliner Flüchtlingskind nischt. So wat wie dir hätte mein Vater plattjemacht. Der war nämlich in de Partei, zwar in de falschen, aber in de Partei. Jibse her, los!"

Ulrike schaute zu ihm hoch. Ohne den Blick von ihm zu lassen, öffnete sich die Bonbonhand über dem Wasser und geräuschlos versanken drei rote Himbeeren.

Kalle kniff die wasserhellen Augen zusammen und stürzte sich mit einem Wutschrei auf die sich duckende Ulrike.

War sein Anlauf zu heftig? Die Wut zu groß? Egal. Kalle flog über den schmalen Körper des Mädchens hinweg kopfüber in den Feuerwehrteich.

Ulrike schaute interessiert, wie Kalle auftauchte und sein Gesicht nur aus weit aufgerissenen Augen und riesigem Mundloch zu bestehen schien.

„Hilfe", schrie Kalle japsend und leiser, „ick kann doch nich schwimmen." Ulrike kippte die in Mayer Paules Laden gekauften Sachen ins Gras, zog die Bluse aus, band sie wie ein Tau um die langen Griffe, legte sich flach und lang, nahe dem Wasser und warf die Tasche, krampfhaft den Ärmel der Bluse haltend, hinein.

Von Kalles Geschrei angelockt kamen immer mehr Kinder und auch der neue Hausmeister vom Altersheim. Kalle hatte die Tasche zu fassen bekommen und hing nun mit seinem ganzen Gewicht daran. Ein Nachfassen, ein heftiger Ruck und Ulrike fühlte es nur noch nass um sich werden.

Die Rettungsfeier musste für einige Wochen verschoben werden, da sich Ulrikes Erkältung zu einer Lungenentzündung entwickelte.

Doch dann war es so weit. Die Aula der Vierklassenschule war proppenvoll. Auf der provisorisch errichteten Bühne stand der Chor der Jungen Pioniere, der Mäder Heinz sortierte am Rednerpult nervös einige Zettel und Kalle, im geschenkten Anzug, weißem Hemd und einer schief sitzenden Fliege erzählte lautstark dem Reporter der „Dresdener Volkszeitung" seine Version der Rettung.

154

Die Mutter kam mit den beiden Töchtern als eine der Letzten. Für Ulrike und Kalle waren auf der Bühne zwei efeuumkränzte Stühle aufgestellt. Bevor sich Ulrike setzte, begrüßte sie jeden der Sänger. Der Chor der Jungen Pioniere war identisch mit den Kurrendesängern, mit denen die Mutter für Beerdigungen, Taufen und ganz feierliche Gottesdienste übte.

Die Pioniere in weißen Blusen und blauem Halstuch sangen das traurige Lied „Unsere Heimat", der Mäder Heinz sortierte Zettel, Kalle verschob die Fliege noch mehr nach rechts, Ulrike baumelte gelangweilt mit den Beinen, an denen die weißen Kniestrümpfe schon schwärzliche Stellen zeigten, und der Reporter machte sein erstes Foto.

Nach ausgiebigem Klatschen, drei Verbeugungen des Musiklehrers Hentius las der Mäder Heinz seine Rede ab. Sie hatte ihn viel Mühe gekostet, denn alle seine sonstigen Formulierungen von „sozialistischer Tapferkeit eines Jungpioniers" oder „der Solidarität des Proletariats" – nichts passte auf dieses Pfarrerkind. Er holperte sich durch die Sätze und sein Kopf sank immer tiefer auf die Zettel.

„Nicht mal predigen kann er", dachte Ulrike. „Er sollte öfter zum Gottesdienst kommen." Der Chor sang von einer Mutter, die früh zur Arbeit geht, und die beiden Kinder wurden nun namentlich aufgerufen.

Der Mäder Heinz überreichte Kalle eine Freikarte für das Schwimmbad in Langebrück. Er solle es in diesem Sommer fleißig nutzen, denn Körperertüchtigung wäre für jeden jungen Sozialisten wichtig.

Nun wandte er sich an Ulrike. „Du singst gern, wurde mir gesagt. Hier sind viele neue Lieder drin", und er drückte ihr das „Liedbuch der Jungen Pioniere" in die Hand.
Wieder gab es ein Foto. Auch sie erhielt die Freikarte fürs Schwimmbad, allerdings ohne Kommentar.

„Hast du noch irgendeinen Wunsch, den wir dir erfüllen können? Sag es mir aber zuerst ins Ohr."

Ulrike flüsterte, er nickte zustimmend.

Mit lauter Stimme verkündete er: „Ulrike möchte gern allein den Chor dirigieren, wie schön."

Die Besucher klatschten, nur die Mutter rutschte etwas nervös auf ihrem Stuhl, an ihrem Hals zeigten sich erste rote Flecken.

Ulrike ließ sich von Lehrer Hentius am Klavier ein „F" geben, setzte die Terz darunter, intonierte, hob die Hände und die Kinder sangen zweistimmig, was die Mutter für die Konfirmation am nächsten Sonntag eingeübt hatte: „Großer Gott, wir loben dich".

Der Chor zeigte, was er gelernt hatte, und sang die Strophen eins bis drei, vier bis zehn wurden wie immer unterschlagen und für die letzte elfte legten sie besonders viel Gefühl hinein, wenn es heißt: „Herr erbarm, erbarme dich."

Ab der zweiten Strophe sangen die ersten Zuschauer im Saal mit. Zuerst standen die wenigen Katholiken auf, die Protestanten folgten, unsicher sahen sich die politisch Verantwortlichen an, fühlten sich als Minderheit und erhoben sich ebenfalls.

Zum Ärger des Bürgermeisters Mäder standen am nächsten Tag nur drei kleine Zeilen über die Rettungsfeier in der „Dresdener Volkszeitung". Sein Bild war nicht dabei.

Für kurze Zeit war Ulrike die Heldin des Dorfes und zum ersten Mal wurde der Mutter auch zu dieser Tochter gratuliert.

An einem Nachmittag rief Eric seine Frau Luise an. Sie saß gerade lesend auf der Terrasse des schmucken Einfamilienhauses. „Lass uns heute Abend zur Feier des Tages essen gehen. Möchtest Du fein oder gut essen? Ach, am besten, ich bestell gleich vom Büro aus einen Tisch in der Friesenstube. Bis sieben schaffe ich es. Tschüss, bis dann."

Zur Feier des Tages? Was will er feiern?

Viertel nach sieben war es, als Eric sich ihr gegenüber setzte.

„Tut mir leid. Heut war mal wieder der Teufel los. Hast du schon bestellt? Also, ich brauch erst einmal ein Bier."

Luise zeigte stumm auf ihre leere Cappuccino-Tasse und griff zur Karte.

„Was feiern wir eigentlich?"

„Unsere kinderfreie Zeit", lachte Eric. „Als Carla vor zwei Jahren nach Berlin ging, na, da hockte ja noch Helge im Oberstübchen, aber jetzt ist er auch endlich ausgezogen. Eric lächelte, „jetzt haben wir das Haus für uns, alle Zeit für uns. Wenn das kein Grund zum Feiern ist? Wir müssen anstoßen. Wein oder Prosecco?"

Luise hörte dem Klang der beiden Gläser nach. Ein dünner fader Ton, es fehlten die dumpfen Stimmen der Cola- und Saftgläser.

Die Karte streifte sie nur mit flüchtigem Blick. Sie hätte lieber „fein" statt „gut" gegessen. Gut kochen, das kann sie selbst, aber diese aberwitzigen Schoko-Chili-Schaumsößchen auf geriffeltem Wirsing mit karamellisierten Entenbrustspitzen, das reizte ihre Lachlust und erhöhte somit ihre Gaumenfreuden.

Aber Eric hatte wie immer entschieden, also aß sie „gut", so gut sie eben konnte.

Der Kellner stellte mit gemessenem Schwung den Teller vor Luise. Zu seinem „Lassen Sie es sich schmecken" konnte sie nur zustimmend nicken. Sie hatte schlicht Hunger, denn für wen und wozu sollte sie mittags kochen, wo Helge…

Eric schaute prüfend auf ihren Teller, hatte wie immer bereits seine Gabel in der Hand und stocherte damit in ihre Richtung.

„Ich hätte mich auch für deines entscheiden sollen. Sieht gut aus, lass mal kosten. Meines lässt ja mal wieder auf sich warten."

„Bitte sehr, der Herr, ein Dreihundert-Gramm-Steak, englisch, mit Salat." Der Kellner goss ihr Wein nach und stellte ungefragt ein neues Bier hin.

Eric schnitt vorsichtig das Fleisch an und hielt Luise den blutigen Happen unter die Nase. „So muss ein Steak sein, so liebe ich es. Und, schmeckt deins auch?"

Luise nickte und schaute angewidert weg.

„Prost, Luise, nun beginnt für uns ein neuer Lebensabschnitt."

Sie aßen.

Die Kinder gehen ihre eigenen Wege, dachte Eric, na ja, mir wäre es lieber gewesen, der Junge hätte hier studiert, weiterhin daheim gewohnt. Ist doch billiger. Aber Luise musste sich ja sofort hinter Helges Pläne stellen. Es sei gut, wenn er endlich lernen würde, auf eigenen Beinen zu stehen, selber seine Wäsche zu waschen und was so noch alles zum Erwachsensein dazugehört.

Eric säbelte an seinem Steak herum, nahm einen großen Bissen und lehnte sich kauend zurück und dachte:

Die Kinderzimmer sind jetzt frei. Da könnte ich doch… In Gedanken rückte er Helges Schreibtisch ans Fenster, stellte seinen Computer mit Drucker und Scanner darauf. Nein, eigentlich kann ich mir einen Laptop leisten, der nimmt nicht so viel Platz weg, und ich kann ihn von der Steuer absetzen. Endlich auch abends in Ruhe arbeiten. Da kann ich mir vom Büro aus noch einiges mit nach Hause nehmen.

Raus aus dem Wohnzimmer, wo entweder der Fernseher läuft, jederzeit Besuch auftauchen kann oder Luises Kunden noch schnell massiert werden wollen. Aber die Musikanlage muss mit nach oben. Ja, ein eigener Raum, wo er seine Musik, seinen Jazz hören kann. Luise mochte keinen Jazz. Bei den Kindern war sie großzügiger gewesen, wenn laut und stampfend die schrillen Töne aus den Zimmern quollen. Aber bei ihm?

Da stellte sie auf Zimmerlautstärke. Jazz in Zimmerlautstärke, auf so eine Idee konnte auch nur Luise kommen. Ein eigener Fernseher oben, auch nicht schlecht. Fußball, Handball, Tennis und die Formel Eins – keine Diskussionen mehr, ob Tatort, Pilcher oder Sport.

Glücklich schaute er auf, hob sein Glas Luise entgegen: „Glaub mir, wir beide machen es uns jetzt richtig schön!"

„Ich bestell mir noch ein Dessert", sagte Luise, „deine Freigebigkeit muss ich nutzen. Wann waren wir schließlich das letzte Mal essen, nur wir zwei."

„Siehst du, so beginnt das neue Leben", prostete ihr Eric zu. Neues Leben?

Neues Leben!

Dann müssen wir aber im Haus umbauen, dachte Luise. Ja, und voller Schwung tauchte sie die Dessertgabel ins Tiramisu. Das Beste ist, ich mach mich endlich selbständig, beruflich, und damit finanziell.

Eine eigene Praxis – mein Traum!

Wenn ich die beiden Kinderzimmer zusammenlege, dann wird das ein ordentlicher Massageraum. Oder nein, ich lasse beide Zimmer, kann dann gleichzeitig zwei Patienten behandeln. Und das Bad oben könnte ich für verschiedenste Wannenbäder anbieten.

Aber bekomme ich noch eine Entspannungsliege hinein und ein Regal mit unserer Anlage für diese Wellnessmusik? Scheußlich, dieses seichte Geplänkel, aber die Leute lieben es. Nein, das Bad ist dafür zu klein. Dann nehme ich das untere Bad. Es ist entschieden größer.

Genau, die gesamte Praxis kommt in die untere Etage. Da ist mehr Platz, keine Treppe, fast schon behindertengerecht.
Eric wird das gar nicht schmecken, er hasst es, wenn ständig fremde Leute im Haus sind.

Aber tagsüber ist er in der Firma. Ich kann vorkochen, muss er eben in der Küche essen.

Ein Jahr Anlaufzeit gebe ich mir, noch ein paar Weiterbildungen, dann kann ich voll durchstarten, werd' finanziell unabhängig.

Genüsslich lehnte sie sich zurück und trank einen Schluck Wein.

„Das war gut", lachte Eric, „aber jetzt brauche ich einen Verdauungsschnaps."

Langsam drehte er sein Glas zwischen den Fingern. Wenn ich oben ausbaue, könnte ich unseren Skatclub, ja, selbst unseren Gewerbeverein zu mir einladen. Ist doch gemütlicher als im Gasthof. Luise richtet uns ein paar Kleinigkeiten zu essen, also ein schöner Tisch, Stühle… Aber dafür ist Helges Zimmer zu klein. Und wenn ich die Wand zwischen den beiden Kinderzimmern wegnehme und das Gästezimmer dazuschlage, dann könnte ich sogar hinten unter der Dachschräge meine alte Eisenbahnanlage aufbauen. Phantastisch!

Wie bring ich das aber Luise bei? Am besten – so als Bonbon – werde ich mit ihr verreisen: im nächsten Frühjahr eine Reise an den Gardasee und jetzt im Herbst mal kurz mit dem Bus über Usedom nach Swinemünde. Dort soll es einen guten Polenmarkt geben. Ein paar Zigarettenstangen für die Skatrunde, das wär's doch!

„Du, Luise, ich geh mal kurz raus, eine rauchen."

Eric schaute auf die Uhr und legte seine Brieftasche neben ihren Teller.

„Kannst schon mal zahlen, dann komme ich noch zur zweiten Halbzeit zurecht."

Luise öffnete verstohlen den Hosenknopf, atmete befreit durch, legte bedauernd Löffel und Dessertgabel auf die noch umfangreichen Tiramisu-Reste und schaute auf Erics leeren Teller.

Wie abgeleckt, dachte sie. Gleich wird er auf meinen Teller zeigen und sagen: „Also, meine Mutter dürfte das nicht sehen. Wie die damals auf der Flucht gehungert haben."

„Bringen Sie mir noch einen Espresso?" Richtig, eine moderne Kaffeemaschine für Cappuccino, Latte, und all den herrlichen Kram bräuchte ich auch noch für die Praxis. Schließlich sollen sich die Leute wohlfühlen. Ob ich mich mit Magda zusammentue? Das ist eine gute Idee.

Sie macht den Wellnessbereich mit Bädern, heißen Steinen, Ayurveda, Reiki und ich übernehme die stinknormalen therapeutischen Elemente. Das bringt Geld und mit Magda zusammen auch noch Spaß.

Aber dafür brauchen wir viel Platz. Oben mache ich aus den Kinderzimmern Wohn- und Schlafraum und der Gästezimmerschlauch wird zur Küche. Reicht doch für mich.

Ihr Blick blieb an Erics leerem Stuhl hängen.

Eric!

...

Wo haben wir eigentlich damals wegen der Kinder den Eisenhut hingepflanzt? Eisenhut, Aconitum napellus!

Blaublühend, stark giftig, besonders die Blüten.

„Na, hast du schon gezahlt?" Eric schaute kopfschüttelnd auf die Tiramisu-Reste. „Also, meine Mutter dürfte das nicht sehen. Wie die damals auf der Flucht..."

Jetzt haben wir August, dachte Luise, spätestens in vier Wochen blüht der Eisenhut.

Gudrun Thomas-Feuker

GLÜCK

Hallo! Wer ist dran? Ich hör' nur Möwen!

Und ich auch noch Frösche.

Die, die wieder in den Brunnen hopsen?

Nein, die echten. Feiern wohl Hochzeit. Haben das ganze Dorf dazu eingeladen. So hab ich das hier noch nie gehört!

Ja, wo steckst du denn?

Auf „unserer" Insel.

Kann ich mir denken. Geht es ein bisschen genauer?

In List bin ich, bei Merrit und Eric, für die nächsten vier Wochen.

Hast du im Lotto gewonnen?

Nee – ich hüte Haus und Hof, dazu fünf Appartements. Die beiden sind ausgeflogen.

Also doch im Lotto gewonnen!

Du darfst mich jetzt „Lotti" nennen, Lotti von List.

Wir hatten doch mal abgemacht, jeder Lottogewinn wird ge-
teilt! Ich k o m m e,
sagt Sylta und legt auf.

*Wellen kräuseln, Strömungen spiegeln. Das Licht ist es, das
zaubert.*
*Sylta ist nicht mehr zu sehen. Ich ziehe meine Plastiktüte aus
der Jackentasche und gehe auf Schatzsuche, wie immer am Ellenbogen, den Kopf geneigt.*

Du Strandräuberin! *ruft sie und kommt strahlend hinter einer
Düne hervor.*

Ich raube nicht. Ich säubere den Friedhof des Meeres.

Guck mal, was ich gefunden habe!
Schon schüttet auch sie ihre Beute in den Sand. Nun wird begutachtet: sortiert, getauscht, gefeilscht, gelacht, geschubst, mit Sand geworfen.

Wie die Kinder! *Da steht Anton und lacht.* Darf ja wohl nicht wahr sein!
Seid bloß älter geworden und sonst nichts, wa? Los kommt, die Gäste sind gleich da. Ihr müsst das Appartement aufschließen.

Berge von Schlüsseln: für die Gäste, für die Reinigungsfrauen, die Eigentümer, sicherheitshalber in mehreren Ausführungen. Ach ja, die Schlüssel!

W I E viele Handtücher brauchen sie noch? Acht liegen im Bad.

Geben sie uns noch acht dazu!

Noch eine Waschmaschine mehr, sagt Syltas Blick.
Wenn's dann bei Handtüchern bleibt, sagt meiner.

Der Strandkorb im Garten ist ja nun auch nicht mehr der neueste, da sollten sie mal was tun. Die Geschirrspülmaschine ist zu laut, die Birne in der Nachtischlampe wackelt!

Okay, schreiben sie alles auf. Ich bin nur die Vertretung.

Sturm am nächsten Tag. Der Wind peitscht Nadelstiche ins Gesicht. Wellen donnern und die Gischt liebkost den Sand, hinterhältig, um ihn zu verschlingen. Blau-grau, Weiß, Zartgrün-gelb, Sandnebel.
Alle Kräfte dieser Erde und wir mitten drin!

Wie schön der Strand ist.
Keine Menschenseele weit und breit.

Doch, da liegt was.
Da, links im Sand. Immer wieder vom Wasser umspült.

Ein Seehund mit Blut an der Schnauze.
Geh nicht ran. Ich ruf den Ranger.

Schon wenige Minuten später trifft er ein und hievt das Tier geschickt in die Wanne.

Zu wenig Fett auf den Rippen und wohl eine Lungenentzündung, *ruft er uns noch zu.*

Auch am nächsten Tag gibt der Sturm nur wenig nach.
Die Laken kringeln sich um die Leinen.
Ist das wirklich Bettwäsche?

Warum hüpfst du so?

Die Leinen hängen zu hoch. Merrit ist viel größer als ich. Ich krieg die Wäsche nicht entstürmt. Nun grins nicht, hilf mir lieber.

Bringt doch nichts, ich bin doch auch nicht größer!

Hol 'n Stuhl!

Geht nicht, der Rasen ist uneben. Ruf Anton an!

Der Rasen wird gelb. Sprühen, sprühen, sprühen!

Nein, Anton, heute nicht, heute noch drei Waschmaschinen!

Früher Notruf aus Appartement 2.

Die alte Dame hat Schmerzen in der Brust. Ab in die Nordseeklinik.

In zwei Stunden sind wir wieder bei Ihnen, Frau Sperling. Wird schon alles gut gehen, Sie sind ja jetzt in besten Händen.

Puh! Lass uns einen Bummel durch die Stadt machen, einfach entspannen.

Guck mal, Sylta, guck mal, da wird gerade dein Pullover ins Schaufenster gelegt.

Mein Pullover? Jetzt fängst du auch noch an zu spinnen, Meinen Pullover habe ich an. *Sylta öffnet ihre Jacke*: Da, oder siehst du nackte Haut?

Oh, man, ich meine den Pullover, der gerade a u s gelegt wird. Den musst du anprobieren, der ist für dich gestrickt, hat deine Farbe, zwischen Erd- und Brombeere.

Könnte mir auch gefallen.

Haben sie den auch noch mal so ähnlich in Rosa?

Nur schwarz und ähnlich.

Schwarz ist auch gut.

Feiner Einkauf und zur Krönung gehen wir chic essen.

Die Zeit ist um, liebe Sylta! Frau Sperling wartet.

Frau Sperling wird noch untersucht, *meint der Arzt*, melden Sie sich morgen wieder.

Zurück zu den Wäscheleinen:
Wäsche von der Leine, Wäsche an die Leine.
Waschmaschine anstellen, Fertigpizza in den Ofen,
duschen, umziehen, zur Ausstellungseröffnung in die „Stadt-
galerie".

Möchten Sie ein Glas Sekt?

Nein – zwei

Und was ist heute angesagt?

Vier Waschmaschinen, Strandspaziergang, heimlich Möwen füttern. Am Abend mit dem Vollmond übers Watt gleiten, bis sich sein rosa-roter Schimmer im Nachtblau verliert.

Bist du gar nicht müde?

Fühl mich wie eine Waschmaschine auf zwei Beinen. Lass uns zum Oststrand gehen.

Muscheln, Strandläufer, die Geheimschrift des Strandhafers im Sand, der Duft der Heckenrosen und der Heide, das Rauschen des Meeres:

Ich möchte bleiben.

Der Ursprung der Langsamkeit liegt in der Schweiz – bin mit
Swiss-Air geflogen – endlose Verzögerungen, Umwege!
Wer in Brüssel zum Anschlussflug nach Athen hetzte, das war
ich.

Mein Tausend-Erinnerungen-Athen!!
Airport neu: nobel – weitläufig – clean – kein rauchender
Grieche, kein Lärm. Saß ich im richtigen Flugzeug?
Ein Uniformierter weist den Weg: Dort, dort kommen die
Koffer aus der Schweiz.
Das Band quietscht.
Man, sage ich laut, ganz neu und quietscht schon.
An meinem Ohr Gekeife, grell, das Gekeife einer griechischen
Mama.
Diese Stimme, diese Haltung!
Nie konnte ich sie ertragen... und jetzt...
ich bin tatsächlich angekommen!

Mitternacht ist vorbei.
Im Hotel warten Marie-Luise und der Nachtwächter. Schnell
ist es fünf Uhr morgens mit Englisch, Griechisch, Deutsch,
Bier und Bob Dylan.

Unter einer aufgeheizten Wolldecke liegt die Stadt. Sie
glitzert. Licht verschluckt Schmutz, die Wärme entspannt. Es
ist heiß. Dennoch werde ich hinaufsteigen zur Akropolis.
Ein Ticket, bitte.
Not possible, sorry – Streik! –
Mein Athen!

Im Hotel ist es kühl –
Einen Espresso – parakalo.

Marie-Luise duscht – sicher mit Bob – Bob ist immer dabei.
Die Zeit wird nicht lang – ich entlasse mich.

Bob Dylan ist eine ernsthafte Sache, sagt sie – wie die damals
mit H. und außerdem bin ich Marlies und Bob ist mein poeti-
scher Zug. Morgen fahren wir Schiff und unter der Dusche
denke ich nicht an ihn, sagt sie.

Frühe Abfahrt von Piräus mit „Ithaki". Koffer, wie immer, in die Pfütze rechts neben den Laderaum. Es folgt der Versuch, an Deck zu gehen. Marlies rennt vor.
Your ticket, please!
My friend has the ticket
she is already upstairs.
Your ticket!
My friend has the ticket
and she is upstairs.
Stay here – give me your ticket!
Stay here!
O.k. – I'll stay here for the next four hours.
Der Grieche grinst.
O. k. – go.

Ich setze mich in die Sonne und schreibe. Marlies sitzt sicherlich im Schatten und hört Bob Dylan.

Wasser kräuselt leicht, Strömungen spiegeln. Zwischen Meer und Horizont schweben Inseln.
Das Licht ist es, das zaubert.
Das Licht der Ägäis, das flutet und lächeln lässt.

So ein Schiff ist eine Welt.
Zu Fuß hat man keine Chance. Hat man sich verloren, läuft man im Kreis hintereinander her.
Die Chance liegt in der Rezeption.
Miss Gudrun is kindly requested to come to the reception –
Da steht Marlies und strahlt – und nun sind wir auch gleich da. Schnell vor den Lastwagen das Schiff verlassen. Mit nassen Schuhen tappe ich vorsichtig über die Gangway. – Syros, ein Kykladentraum aus 1001er Nacht im venezianisch-griechischen Stil. Die Menschen gezähmter als auf Naxos.
Die weißen Tauben, die die Stadt besetzen, beruhigen mich, das Lächeln der Vermieterin ist Balsam und die Sonne das Sahnehäubchen. Der Rathausplatz wird „Markusplatz" getauft. Marlies spricht nur noch italienisch und Bob hat heute frei.

Eine Landpartie zur westlichen Küste. Die Insel ist karg. Am Marmorbruch vorbei nach „Kini" in eine kleine Badebucht.
Marlies bleibt mit Bob auf dem Markusplatz.

Treffen am Abend. Vor der Taverne ein rotes Sofa.
Bedienung! Halloo!
Ein Mann im karierten Hemd kommt von der Hafenseite, lächelt.
What do you want?
Fresh fruits!
Yes, yes – and you?
A glass of wine and „nero".
Where are you from?
Germania.
Der Mann schmunzelt, dreht sich um, geht zurück.
Mag uns nicht, meint Marlies. Hab' Hunger, sagt sie, steht auf.
Ich bleibe sitzen.
Mit gesenktem Kopf kommt er zurück.
I am from Norway, by boat, seine Augen blitzen.
Wir lachen!

Um sieben Uhr klingelt der Wecker. Duschen, zahlen, zum Schiff.
„High Speed No. 4", ganz neu. Sein Vorgänger „Flying Dolphin" war nichts für defekte Bandscheiben.
Nächster Hafen, Probe.
Two tickets to Paros, parakalo.

Das Schiff gleitet – fliegt fast über das Wasser. Romantik ist nicht – high speed, high tech – Bob bleibt im Koffer.
Nachlösen bis Naxos, sagt Marlies.We have two tickets to Paros. Now we want two tickets to Naxos.
Why?
We test the boat!
O. k. – You have not to pay.

Naxos, Kaffeeplatz, Captains Café – erst einmal ankommen.
Begrüßung, der alte Stuhl nickt.
Zu Hause!

öde – verlassen – verkommen, das schöne, alte Gebäude.
Ich drücke mich draußen in der Vorhalle in die Ecke der Bank.
Dreiviertel Stunde, bis der nächste Zug fährt!

Die Schwingtür klappt. Ein sympathischer Mann mit kleinem
Rucksack auf dem Rücken steht vor mir: „Guten Abend", sagt
er freundlich, „guten Abend!"

– Na, da hab ich wenigstens Unterhaltung, bis der Zug kommt.
Wie alt mag er sein? Mitte 40? Auf jeden Fall ein Zeit verkür-
zender Gesprächspartner.

„Wohnen Sie hier?"
„Nein", antworte ich, „wollen Sie auch mit dem nächsten
Zug?"
Keine Antwort.
„Holen Sie jemanden ab?"
Keine Antwort.

– Wird wohl doch nichts mit "Gesprächspartner".

Er tritt auf mich zu, kommt mir zu nahe, sieht mich eindring-
lich an und sagt ganz ruhig:
„Es sind zu viele Menschen auf der Welt! Viel zu viele Menschen. Und sie sind zu laut, alle viel zu laut!"

– Nur nichts Falsches antworten, besser gar nichts.
Ich nicke.

Er geht zurück, legt seinen Rucksack auf die Bank mir gegenüber.
In diesem Augenblick jagt ein Düsenjäger durch den Abend.
Er hält sich die Ohren zu, seine Augen flitzen unstet hin und
her.
Er schreit mit erhobenem Arm, die Hand zur Faust geballt: „Es
ist Krieg! Es ist Krieg! Es ist Krieg!!!" Lässt den Arm plötzlich
fallen, kommt wieder einen Schritt auf mich zu und sagt ganz
ruhig: „Überall ist Krieg und es ist so laut – überall." Und leiser
fügt er hinzu: „Es sind zu viele Menschen auf der Welt, viel zu
viele Menschen."

– Nur nichts Falsches antworten!
Ich nicke.

„Alle kriminell, alle!"
Er starrt mich an.

– Nicht widersprechen, nur nicht widersprechen.
Ich nicke.

„Meine Familie tot wegen der Steuern und der Ausländer. Der
Bauernhof, alles weg.
Zu viele Menschen!"

Düsenjäger, zwei, hintereinander.
– Das auch noch, das auch noch! Ganz ruhig bleiben, ganz ruhig!

Sein Gesichtsausdruck verzerrt sich. Er schreit: „Es ist Krieg!"
und leise „Es sind zu viele Menschen."

– Ruhig bleiben. Sieh ihm in die Augen.

Der Blick beruhigt ihn. Er dreht sich um, nimmt seinen Rucksack, öffnet ihn, sieht mich an: „Und dann all die Kranken, die
müssen ja auch alle bezahlt werden und dann die
Psychopathen! So viele und da geht das Geld weg! Es sind so
viele!"
Mir begegnet ein lauernder Blick.
„Aber für kranke Menschen sollte man schon Geld ausgeben,
damit sie wieder gesund werden können, meinen Sie nicht?"
Er sieht mich erstaunt an. Dann packt er seinen Rucksack aus.

…Gebrauchte! – gebrauchte Gartenhandschuhe! Ich sehe Erde
daran.
Sag nichts, sag bloß nichts.

Er holt das zweite Paar aus dem Rucksack – auch gebrauchte.
Er zieht sie über seine Finger, begutachtet seine Handschuhe,
zieht sie wieder aus und legt sie neben die anderen auf die
Bank. Das dritte Paar legt er gleich beiseite. Das vierte ist neu.
Das behält er an und reibt sich genüsslich die Hände. Ein vor-
freudiges Lächeln beseelt ihn.

– Will denn niemand außer mir mit diesem Zug fahren?
…Ich hab doch Schritte gehört…

Ich stehe auf und gucke vorsichtig um die Ecke.
Ein weiterer Düsenjäger. Ich renne auf den Bahnsteig. Vor mir torkelt ein besoffener Mann in Jogginghosen und glotzt mich an. Ich zeige ihm meine Zigarette und er versteht, holt umständlich ein Feuerzeug aus seiner Tasche. Ich bleibe bei ihm stehen und lächle.

– Nur nicht umsehen… Der Zug kommt ja auf jeden Fall.

Schnell bin ich im Wagon. Mir gegenüber sitzt ein total bekiffter Jugendlicher.

Wie angenehm!

14. Dezember 2014

Seitlich ausgestreckt lagen sie auf dem Bett.

Lagen sich lange reglos gegenüber und ertranken in ihren Blicken.

Jedes Zeitgefühl war SYNTHIA abhanden gekommen.

Ohne die Lage zu verändern, ohne den Blick zu bewegen, legte sie den linken Arm über ihren Kopf und sagte sanft: Meine Liebe.

Diese tat es ihr gleich, neigte ihren Kopf und sprach auf ihre Weise. Synthia lauschte Klängen voller Emotionen.

Synthia stand auf, SIE tat es ihr gleich. Gemeinsam gingen sie, Seite an Seite, stillten ihren Durst, legten sich wieder, Auge in Auge, seitlich ausgestreckt auf das Bett.

Stunden, Tage und Nächte waren IHNEN abhanden gekommen.

Synthia stellte sich keine Fragen. Sie hatte schnell gelernt, sie verstand die neue Sprache, unterschied Inhalte, Tonlagen. Es gab keine Missverständnisse, keine Bewegungen, die nicht gemeinsam stattfanden. Synthia streichelte LISSI, SIE leckte Synthias Wangen.

Das Telefon schrillte. Um das schreckliche Geräusch zu stoppen, hob Synthia ab.

Merkwürdige Töne, harte Klänge verletzten ihr Ohr. Diese Sprache war ihr fremd geworden, emotionale Schwingungen konnte sie zuordnen.

Verunsichert legte sie auf, ging zum Spiegel, um sich ihrer selbst zu vergewissern. Stumm starrte sie in ihr Gesicht. Dort, wo SIE sie geleckt hatte, überall dort, wuchsen Katzenhaare, verteilt über das Gesicht, schöne, getigerte, glänzende, und an den Mundwinkeln sah sie den Ansatz ihrer neuen Barthaare.

TAGESLOHN

Konforme
Manipulation
erhöht
die
Leidensbereitschaft
steigert
ihre
Fähigkeit
stabilisiert
die
Umsätze
die unbewusste
Not
fördert
Verdrängung
ersetzt
mit
Dingen
belohnt
mit
Profilneurosen

Tageslohn

NACH AUSSAGE
bin ich nicht angepasst

Bin also freier
als ich denke
Angeblich bin ich stark
bin also weniger feige
als ich meine

Manchmal sei ich
verletzend
find mich aber
zurückhaltend

Im Zweifel
nennen sie mich
einen exotischen Vogel

Sicher aber
bin ich

ER
sagte
er hätte mir
verziehen

Ich
hatte nichts
zu verzeihen

Er
sagte
es ginge bergauf
und bergab

Ich saß im Steppenwind

DU
bist schnell verletzt
köpfst dich selbst
manchmal
auch einen anderen

ICH STEHE
wieder an den Bahngleisen
verschlossene Schranken

Abschied

ICH SITZE

in der Pizzeria bei
Wein und Weinbergschnecken

Mir wird ein Sambuka serviert
und dann bekomme ich Rosen

Würde lieber zu Hause sitzen
in einer guten Beziehung
als in der Kneipe
zwischen netten Menschen

Die CoLibris

Manfred Augustin

gebürtiger Hesse, Jahrgang 1964, lebt in Husum. Als gelernter Kaufmann im Groß- und Außenhandel ist er heute als Dozent und Entertainer selbstständig.

Er schrieb bisher weit über hundert deutschsprachige Liedtexte und Lieder sowie einige kleinere Kompositionen, vorwiegend für Gitarre. Hinzu kommen Gedichte, Kurzgeschichten und die Mitarbeit an drei Theaterstücken.

Augustin begleitet Lesungen von CoLibri mit der Konzertgitarre. Sein Melodram „Lass uns Eskimos sein" wurde zum Kultlied der CoLibris.

Peter Baumann

Geboren 1939, ist Journalist, Schriftsteller, Filmemacher und Regisseur, sowie Musiker und Produzent.

Er war Redakteur bei der Schwäbischen Zeitung, der Berliner Illustrierten Zeitung, Chefredakteur der Zeitschrift Berliner Leben sowie verantwortlicher Redakteur beim Tagesspiegel.

Als Autor und Dokumentarfilmer bereiste er Nord-, Mittel- und Südamerika, Afrika und Polynesien. Er drehte für ARD und ZDF, unter anderem auch für die Serie Terra X. Seine Sachbücher, Reisebücher, Bildbände und Romane (Der Herr des Regenbogens, Die Liebe der Isabel Godin, Das Lied vom Missouri) erschienen in renommierten Verlagen.

Als Jazzmusiker spielte Peter Baumann in seiner bekannten Formation „JazzRomances" mit vielen bekannten Musikern zusammen (Billy Grey, Paul Kuhn, Greetje Kauffeld, Nathalie Kollo) und produzierte eine ganze Reihe CDs und DVDs. Besonders auf dem Gebiet des Jazz und der Literatur machte sich der Autor einen Namen mit Produktionen wie „Schwarzer Orpheus" oder „Die Legende vom Ozeanpianisten" nach dem Roman von Claudio Barrico.

Der Autor schreibt auch für das Theater, „Mythos Marilyn" und „Mythos Billie Holliday", zwei Schauspiele mit Musik, wurden 2014 und 2015 mit großem Erfolg am Schleswig-Holsteinischen Landestheater uraufgeführt.

Manfred Brinkmann

Geboren 1948 in Hittfeld, studierte in Hamburg Literatur und was darin vorkam. Lebt heute als freier Autor in Schleswig-Holstein. Schreibt den Blog www.manfredbrinkmann.de und twittert auf @Knappskram.

Veröffentlichungen:
Sonstwo, Ansichten der Provinz, satirischer Heimatroman.
ISBN 3-89811-323-X
Der kleine Rilke-Baukasten, eine Anstiftung zum lyrischen Schaffen nebst 33 beispiellosen Gedichten.
ISBN 3-8334-3753-7

Auszeichnungen:
Erster Preis im Sängerwettstreit von Pooh's Corner 1992. Zweiter Preis für satirische und humoristische Versdichtung bei der Verleihung des Wilhelm-Busch-Preises 2001. Günter Bruno Fuchs – Literaturpreis 2009.

Dr. Detlef Hager

Geboren 1935 in Berlin. Mit vier Jahren Umzug nach Tübingen, 1948 nach Schramberg im Schwarzwald. Nach dem Abitur Studium der Medizin in München, Tübingen und Würzburg. Niedergelassener Urologe in Schleswig bis 2003. Schon als Schüler und während des Studiums Gedichte.
2002 Beginn seines Romans: „Château des quatre Collines". Beendet, noch nicht verlegt. Weiter Kurzgeschichten, eine Novelle, Gedichte der verschiedensten Genres. Seine Gedichte sind manchmal gedankenschwer bis heiter-frivol. Er beobachtet gefühlvoll die Natur, schreibt aber auch pointiert humoristisch, wie in dieser Anthologie.

Wilhelm Hasse

Geboren 1938 in Bendorf (bei Koblenz), Schriftsetzer, Lokal-
redakteur, Studium der Germanistik und Anglistik in Berlin,
Lehrertätigkeit in Baden-Württemberg, lebt in Malente (Ost-
holstein), Leiter der Eutiner Schreibwerkstatt „PoeTicker",
Mitglied der Schleswiger Autorengruppe „CoLibri". – Kurzprosa und Lyrik in Zeitungen und Anthologien.

Veröffentlichungen:
„Wetterfahnen aus Eis" und „Blätter" (Reihe „Exemplum" im
Athena-Verlag), Schwäbische Mundart-Stücke, erschienen im
MundArt-Verlag Aßling und Plausus-Verlag Bonn. Die Mehr-
zahl der hier veröffentlichten Gedichte des Autors entstammen
seinem Lyrikband „zwischen jetzt und jetzt", Goldebek 2014,
ISBN: 978-3-86675-217-7.

Peter Michael Heyer

Geboren 1936 in Schleswig, studierte Architektur in Berlin. Er
erhielt dort eine Einladung zum literarischen Colloquium von
Walter Höllerer. Zwei Texte von ihm wurden in dem Buch
Prosaschreiben des Colloquiums veröffentlicht, ein Kapitel im
Gemeinschaftsroman *Das Gästehaus*, Berlin 1964.

Er begann im Anschluss daran ein Studium der Malerei in
Mannheim. Ausstellungen in Speyer, Prag, Mannheim,
Schleswig-Holstein, Dänemark, V. R. China.

Er ist Mitglied im Schleswig-Holsteinischen Schriftstellerver-
band und im Netzwerk Kunst im Norden. Lebt und arbeitet
heute als Autor, Maler und Bildhauer in Schleswig.

Ingeborg Jakszt-Dettke

Geboren 1941 in Stettin.

Seit 1952 wohnhaft in Berlin.

Während ihrer Tätigkeit als Sachbearbeiterin an der Technischen Universität Berlin berufsbegleitendes Studium an der Kirchlichen Hochschule.

Von 1982 – 2003 Religionslehrerin an einem Berliner Gymnasium.

Buddhismus, Philosophie und Reisen zählen zu ihren besonderen Interessen.

Erlebtes verarbeitet sie gern über das Schreiben von Lyrik und Kurzprosa.

Verschiedene Veröffentlichungen in Anthologien (Gedichte und Kurzgeschichten) im *Mohland-Verlag*.

Seit 2005 Mitglied in der Autorengruppe „CoLibri".

Rolf Kamradek

Im Sudetenland geboren, aufgewachsen in Bayern und Schwaben, als Student in Kiel und Marburg, als Arzt im Allgäu, in Schleswig-Holstein, im Schwarzwald und im Saarland, kommt der Wahlschleswiger zu dem Schluss: Die Menschen sind komisch.

So begleitet er liebenswerte Neurotiker mit Sympathie, erzählt in seinen Büchern *Die Sau im Kirschbaum (Theiss)* und *Spätzleduft und Nordseeluft (Husum)* schwäbische Lausbubengeschichten und ist mit den Reiseerzählungen *Pharisäer – unterwegs in komischen Welten (Mohland)*. In seinem Roman *Josef und seine Träume (E-book, Bookshouse)* schildert er satirisch die skurrile Welt einer Naturheilklinik, übersteigerte Hoffnungen in die Heilkräfte der Natur sowie deren Instrumentalisierung. Und auch in seinem Politthriller *Die German Angst (Bookshouse)* thematisiert er, zusammen mit seinem *Co-Autor Helmut Fuchs*, berechtigte und irrationale Ängste, diesmal allerdings in Form eines Politthrillers. In seinem Jugendbuch *Der Schrei im Kalkberg (E-book, Edition Kindle)* erlebt ein fußballbegeisterter Waisenjunge Abenteuer und die Kunst.

1960 Scheffelpreis.

Lesungen auch im Rundfunk.

Franz Kratochwil
wurde am 21. Juli 1948 in Wien geboren.
Schauspielausbildung bei Prof. Oskar Willner (Volkstheater
Wien).

Er spielte an verschiedenen Wiener Bühnen, darunter:
Theater die Tribüne
Theater Forum
Die Komödianten im Künstlerhaus
Österreichische Länderbühne
Tourneetheater "Der grüne Wagen".

Ab der Spielzeit 1989/90 war er Ensemblemitglied des
Schleswig-Holsteinischen Landestheaters bis Sommer 2005.
Zurzeit lebt er als freier Schauspieler und Autor in Schleswig
an der Schlei.

Seine Haiku sind von zarter Schönheit und voll Humor, mit
einigen schaffte er sogar den Sprung in japanische Zeitungen,
was Europäern selten gelingt.

Herbert Kummetz
Der Autor ist Jahrgang 1945, geboren in Hannover, nach zwei
Berufsanläufen evangelischer Gemeindepastor, Dienstzeit
weitgehend in Schleswig-Holstein, aber auch mehrere Jahre im
Ausland, jetzt pensioniert, Wohnort Bad Bramstedt.
Schreibt Gedichte und Erzählungen, häufig geht es um Jugend-
liche und andere „Randsiedler" des Lebens.

Ingo Laabs
Geboren 1975 in Flensburg, studierte Germanistik in Kiel, ist
als Lektor und Übersetzer tätig. Sein literarisches Interesse gilt
vor allem der Romantik. In seinen Gedichten beschäftigt er
sich vorwiegend mit Natur, Sagen, Mythen, Religion und Fan-
tasy. Bisher veröffentlichte er vier Märchen-/Fantasyromane:
Peter und das Vilenpferd (2007), *Schamanenbaum* (2011),
Kira Sternentochter (2012), *Der Garten der Liebenden* (2013).

Irmela Mukurarinda

Geboren 1949 in Zwickau, Kindheit in Sachsen und Branden-
burg, nach dem Theologiestudium an der Humboldt-Universi-
tät in Ost-Berlin ab 1976 Berufsausübung in West-Berlin und
Österreich. Lebt in Horstedt bei Husum.
Langjährige Mitarbeiterin beim Evangelischen Pressedienst
Berlin (West), sowie beim evangelischen Rundfunkdienst.
Debutierte 2008 mit dem Roman *Wendeschleife oder im Tal
derer von Brühl*, einer sensiblen Wiederbegegnung mit einer
Kindheit und Jugend in der DDR (Notschriften-Verlag, ISBN
978-3-940200-16-7). Die zweite Auflage des Romans erschien
2011.

Gudrun Thomas-Feuker

studierte Grafik und Malerei an der Muthesiusschule sowie
Kunstpädagogik und Germanistik an der Pädagogischen
Hochschule und der Universität in Kiel. In der Kieler Ostsee-
halle, in Berlin und auch für das Fernsehen gestaltete sie Büh-
nenbilder, an Berliner Gymnasien unterrichtete sie Deutsch,
Kunst und Darstellendes Spiel.
Jetzt malt die in Husum ansässige Sylterin eindrucksvoll lyri-
sche Bilder mit Pinsel und Worten. Ihre Gedichte wurden ins
Englische, Polnische und Griechische übersetzt. Ausstellun-
gen in Kiel, in zahlreichen Städten Schleswig-Holsteins, in
Düsseldorf, Wuppertal und Berlin sowie mehrfach in Grie-
chenland und Polen, fanden viel Beachtung.
Lesungen in Deutschland, Griechenland und Polen.
Inszenierung „Moderevue" für das Traumtheater Berlin.
Fluxuskonzert mit Ben Voitier und Chiari in der Universität
Kiel, als Film in der Hamburger Kunsthalle.
Wortanalysen für Armani, Paris.
Sie schuf die Einbandbilder für die vorliegende Anthologie.

VERZEICHNIS DER GEDICHTANFÄNGE